重构

人工智能时代的产业发展与就业前景

刁生富　梁江南　冯桂锋　等著

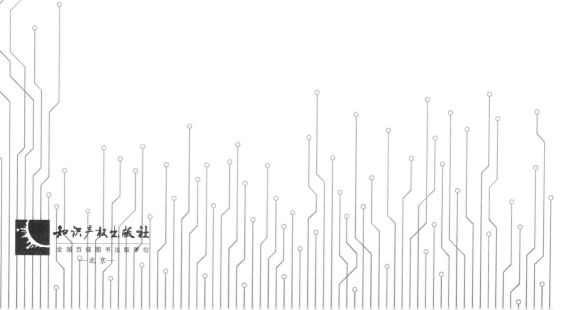

知识产权出版社

全国百佳图书出版单位

—北京—

U0519078

图书在版编目（CIP）数据

重构：人工智能时代的产业发展与就业前景/刁生富等著. —北京：知识产权出版社，2023.9

ISBN 978-7-5130-8809-1

Ⅰ.①重… Ⅱ.①刁… Ⅲ.①人工智能—影响—产业发展—研究—中国 ②人工智能—影响—就业—研究—中国 Ⅳ.①F269.2 ②D669.2

中国国家版本馆 CIP 数据核字（2023）第 117223 号

责任编辑：韩婷婷	责任校对：王 岩
封面设计：北京乾达文化艺术有限公司	责任印制：刘译文

重构：人工智能时代的产业发展与就业前景

刁生富 梁江南 冯桂锋 等著

出版发行：知识产权出版社 有限责任公司		网 址：http://www.ipph.cn	
社 址：北京市海淀区气象路 50 号院		邮 编：100081	
责编电话：010-82000860 转 8359		责编邮箱：176245578@qq.com	
发行电话：010-82000860 转 8101/8102		发行传真：010-82000893/82005070/82000270	
印 刷：天津嘉恒印务有限公司		经 销：新华书店、各大网上书店及相关专业书店	
开 本：720mm×1000mm 1/16		印 张：15.25	
版 次：2023 年 9 月第 1 版		印 次：2023 年 9 月第 1 次印刷	
字 数：257 千字		定 价：79.00 元	

ISBN 978-7-5130-8809-1

前　言

FOREWORD

人工智能（Artificial Intelligence，AI）已经成为 21 世纪前两个 10 年里最引人注目和发人深省的概念之一，而且作为一种生态系统，其已演变出自身的行为模式，形塑着与人类的社会关系，从而更加深刻地影响着新千年的第一个百年。事实上，人工智能已成为产业发展的核心驱动力，也是各国布局新一轮科技革命、实现产业变革的战略抓手。未来 10 年，物联网、人工智能、区块链、云计算、大数据（iABCD）等新兴科技必将全面重塑以人工智能融合为核心的各国产业发展图景，深刻变革以就业为代表的人类生存模式。

本书是继笔者的《重估：大数据与人的生存》和《重估：人工智能与人的生存》出版并引起较好社会反响之后，进一步把人工智能的研究深化和具体化到"产业"与"就业"这两个人们最为关注和最有代表性的方面，试图从中国人工智能参与和引领第四次工业革命的高度、世界和中国人工智能产业发展历史的长度、各国智能产业化和产业智能化发展之路的广度、人工智能与人融合的深度、产业与就业等几个最受关注的维度，系统地探讨人工智能产业链和价值链。基于对国际、国内人工智能产业政策和就业影响的观察，本书除引言外，包括三大部分共 11 章，阐释了产业智能化和智能产业化是如何交织进行的，展示了人工智能与产业和就业之间复杂关系的多样化维度。最后，本书还以人与机器的双重视角透视了人工智能时代的就业与职场关系，提出个人如何在产业宏观和就业微观方面开拓未来的路径，引发人们对人工智能时代生存之道的思考。

　　除封面署名人员外，向娟、杜宜晋、黄佳荫、谢世娜、冯利茹、周颖、张艳、吴选红也参加了本书初稿的写作。

　　在写作本书的过程中，笔者参考了大量国内外文献，在此特向有关研究者和作者致以最真诚的感谢；知识产权出版社韩婷婷老师为本书的出版付出了心血，在此一并致谢。对书中存在的不足，敬请广大读者批评指正。

刁生富

2022 年 2 月 22 日

目 录 CONTENTS

 引 言

━━► 第一部分 人工智能时代的产业发展 ◄━━

> 人工智能助力社会生产，重塑经济形态，颠覆社会价值链，产业和
> 就业也将随之发生颠覆性的变革。新的产业将朝着更加智慧化的方
> 向转移，新型雇佣关系也将随之产生，我们应该提前做好准备，迎
> 接人工智能时代的机遇和挑战。

> 在移动互联网、大数据、超级计算、云计算、区块链等新理论、新
> 技术的驱动下，人工智能正在对经济发展、社会进步产生重大而深
> 远的影响。它将解构部分经济社会产业，重构部分经济活动环节，
> 催生新技术、新产业和新业态，重塑社会产业规则。

近年来，我国加大了对科学技术的扶持力度，人工智能、大数据、物联网等技术的运用随处可见。我国的产业结构在这些智能技术的赋能下展现出新的发展模式，智能技术与产业的融合日益紧密，产业智能化和智能产业化的全新产业版图正初步显现。

第二部分　人工智能时代的就业前景

在这个由技术引领产业发展的时代，在人工智能技术飞速发展及快速产业化的时代背景下，智能技术一方面在淘汰陈旧、落后的产业，使得与这些产业相关的就业人员面临失业危机；而另一方面，在人工智能的沃土中出现了一些新兴产业，一大批新的就业岗位需要人去填补。

第三部分　人工智能时代的就业准备

第九章　导航与续航：我们现在应该做什么 ·············· 183

在人工智能时代，编程是一种"全球语言"，如果孩子在母语之外只能学习一种语言，那就应该是代码——人工智能教育要从娃娃抓起。构建人工智能从幼儿教育至中小学教育，再到高等教育和专业教育的完整体系，对提升一个国家的人工智能"续航"能力是至关重要的。

第十章　控制与反制：你、我、他的后职业时代 ·············· 203

随着人类社会步入人工智能时代，智能技术成为推动新一轮产业革命的重要驱动力。智能机器在各产业中的运用，给劳动者的就业带来了新的机遇与挑战，引发了人类对于智能机器与劳动者之间的控制与反制的思考，使人类社会进入你、我、他的后职业时代。

> 人工智能时代的到来，孕育着新生的希望，也带来了"失业"的危机。当很多人还在关注智能畸变的负向束缚时，很多人已经在智能创变的路途中找到了新的就业方向，并在为之进行着持之以恒的努力和准备。人工智能时代的失业与就业，与其他任何一个时代没有决然的区别，都需要人们重拾信心，做时代的主人。

引　言

CHAPTER

第一章　助手与杀手：
人工智能影响下的产业与就业变革

人工智能已经成为 21 世纪前两个 10 年里最引人注目和发人深省的概念之一，而且作为一种生态系统，其已演变出自身的行为模式，形塑着与人类的社会关系，从而更加深刻地影响着新千年的第一个百年。第三次人工智能浪潮已席卷全球，任何人都不能置身事外。我们应理解人工智能与产业的关系，知悉智能时代就业的前景，踏上自我赋能的升级之旅。

从艾伦·图灵开始：人工智能梦想照进现实

先发先试和后发先至：中国的人工智能产业化之路

5G、人工智能、区块链：未来工作图景的重新定义

产业发展与就业前景：本书的目的、内容与结构

谈论人类社会进步，始终离不开"科技"二字，科学技术是推动人类历史发展的强大动力。从某种意义上来说，一部人类文明的发展史也就是一部科技文化的进步史。科技创新驱动着历史的车轮不断前进，加速人类社会的发展进程，为人类文明进步提供了不竭的动力源泉。科学技术的飞速发展使人类社会呈现出加速发展的态势——世界的变化越来越快，人类的文明史正在我们眼前迅速地演进着。从蒸汽时代（18 世纪 60 年代至 19

世纪中叶)、电气时代(19 世纪下半叶至 20 世纪初)到信息时代("二战"后至 2000 年),再到扑面而来的智能时代,人类开启和推进科技革命与产业变革的间隔时间越来越短,释放和创造的价值也向一个个不可思议的量级跃迁。

一、从艾伦·图灵开始:人工智能梦想照进现实

马克思在《资本论》中指出:"各种经济时代的区别,不在于生产什么,而在于怎样生产,用什么劳动资料生产。劳动资料不仅是人类劳动力发展的测量器,而且是劳动借以进行的社会关系的指示器。"[1] 从万年前的石块、青铜到铁器,经由百年前的蒸汽、电力,再到近几十年的"信息化"和"人工智能",人类改变世界和自身的工具不断实现突破,全球格局也随之刷新和嬗变。

第一次工业革命源自 18 世纪后期蒸汽机的发明,是人类首次使用机械力取代自然动力来从事生产活动;第二次工业革命是 19 世纪末由电动机与内燃机的发明所带动,配合许多新材料的发现和炼钢技术的突破,人们大量地制造了各种生活与交通工具;第三次工业革命是 20 世纪中叶由信息科技所领导的数字化浪潮,使人类生活的各层面都离不开计算机与网络信息;第四次工业革命是始于 21 世纪初由人工智能、物联网、机器人与生物科技所综合实现的全方位自动化生活,将人类的身体(甚至意念)和外在机器协调合一。如果说机器取代人力和兽力、机器实现电力化、机器促进信息化,分别是前三次工业革命的"重头戏",那么工业 4.0 时代的主旋律则是人工智能。

人工智能是引领新一轮科技革命和产业变革的重要驱动力,正深刻地改变着人们的生产、生活、学习方式,推动人类社会迎来人机协同、跨界融合、

---

[1] 马克思,恩格斯. 马克思恩格斯文集:第五卷 [M]. 中共中央马克思恩格斯列宁斯大林著作编译局,译. 北京:人民出版社,2009:210.

共创分享的智能时代。当今世界，人工智能不仅成为产业发展的"领头雁"，也是各国布局新一轮科技革命的战略抓手。

人工智能堪称全球近 70 年来最具想象空间的科技名词，历经 20 世纪 60 年代与 20 世纪 80 年代的两次兴衰，终于在 21 世纪初期，受益于基础资源的精进及核心应用的优化，得以突破商用服务的临界点，进而揭开了人工智能热潮的序幕。在 1956 年奠定人工智能基础的达特茅斯会议之前，关于智能机器的讨论已经逐渐在学术界积累热度。以休伯特·德雷福斯（Hubert Dreyfus）为代表的哲学家和以罗杰·彭罗斯（Roger Penrose）为代表的物理学家从规则的哲学挑战与意识的物理解释层面，对人工智能系统实现真正的智能表示怀疑。针对智能机器不可能出现的观点，英国数学家和逻辑学家艾伦·图灵（Alan Turing）于 1950 年发表了《计算机器与智能》（*Computing Machinery and Intelligence*）一文，大篇幅、多角度地予以反驳，并提出了自己关于"智能"的深邃思考。

在这篇影响深远的论文中，图灵并没有提出具体研究方法，但提到了大量概念，如图灵测试、机器学习、遗传算法和强化学习等。所有这些，至今都是人工智能领域十分重要的分支。

在《计算机器与智能》中，图灵首先开宗明义地提出了一个问题：机器能思考吗（Can machines think）？为了避免当时的人们觉得此问题属于不言而喻的简单而荒谬的问题，图灵创造性地在哲学意义上用如下表述对其进行置换：是否存在一种可构想的计算机能够表演"模仿游戏"（Imitation Game），使得该计算机能以无法与人类回答相区别的方式来回答提问者的问题。这个等价描述巧妙地将机器和人类置于平衡与并立的地位。从人们思考和讨论该问题的那一刻起，"人的智能"与"人工智能"的界限就开始被打破了。图灵在《计算机器与智能》的结尾对人工智能写下寄语："我们只能看到前方很短的距离，但也能看到足够多要做的事情。"（见图 1-1）

我们的目光有限，但可以看到许多能做的事。

——艾伦·图灵

图1-1 艾伦·图灵与《计算机器与智能》

为了纪念这一智慧闪光，学术界和产业界后来把这一"模仿游戏"称为"图灵测试"，在很长一段时间内，这一测试都是公认的人工智能判断标准。

图灵首先指出："如果机器在某些现实的条件下，能够非常好地模仿人回答问题，以至于提问者在相当长的时间里误认为它不是机器，那么该机器就可以被认为是具有思维的。"❶ 在提出该测试之后，首先，图灵给出了对该测试的必要辩护，并阐明了测试使用的机器。其次，他对反对"机器具有思维"的几种观点做了回应。最后，他描述了一种可能实现机器思维的模型，即"学习机"。

为了进一步理解图灵时代人工智能的概念，有必要详述何为"模仿游戏"。当时，哲学家回答"机器能思考吗"这类问题的流行方式是通过问题中相关语词的日常意义来进行分析，但图灵明言这不是他采取的进路，而是提出"模仿游戏"来取代原先的问题：假设有三个人，两位回答者中一位是男性（A），一位是女性（B），还有一位是提问者（C），C 可以是男性，也可以是女性，C 与 A、B 隔离，处于另外一个房间中，只能通过电传打字机与 A 或 B 沟通联络，进行各种问答。

游戏的目标是：由提问者 C 向 A 与 B 提出种种问题，通过数次问答，来

---

❶ TURING A M. Computing Machinery and Intelligence [J]. Mind, 1950, 59：433-460.

确定 A 与 B 的性别。图灵提出的问题是：如果在上述游戏中，用一台机器来
替换 A，则 C 在确定 A 与 B 的性别时，其犯错的比例是否与替换前的情形一
样？图灵便是以这个问题来取代原先机器能否思考的问题（见图 1-2）。他进
一步说明，上述游戏中的机器限定为数字计算机。因此，计算机能否思考的
问题便转化为以下问题：计算机能否通过"模仿游戏"的测试？亦即计算机
能否成功地模仿 A，让提问者 C 辨认 A 和 B，与其辨认计算机和 B，在正确性
上是无差别的？

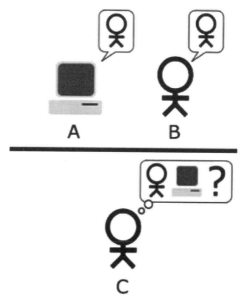

图 1-2　图灵测试示意图

　　C 通过问答来判断 A 和 B 为人类或机器。经过若干轮提问后，如果 C 不
能得出实质的区别来辨别 A 和 B，则机器 A 通过图灵测试。

　　这篇人工智能领域的开山之作是从计算机和智能的二分角度来论证的，
反而没有提出"人工智能"的确切概念。研究人工智能发展史的学者认为，
"人工智能"一词最早是在 1955 年 8 月 31 日只有 10 个人参加的研讨会提案

中出现的。提案撰写者包括东道主达特茅斯学院的数学系教授约翰·麦卡锡（John McCarthy）、后来创办麻省理工学院（MIT）人工智能实验室的哈佛大学博士马文·明斯基（Marvin Minsky）、IBM 公司的纳撒尼尔·罗切斯特（Nathaniel Rochester）和贝尔实验室的克劳德·香农（Claude Shannon）等人。

在这份提案中，撰写者给出了"人工智能"的定义："尝试找到如何让机器使用语言、形成抽象和概念、解决现在人类还不能解决的问题、提升自己等。对于当下的人工智能来说，首要问题是让机器像人类一样能够表现出智能。"同时给出了他们希望的结果："我们认为，如果一组优秀的科学家在一起工作一个暑假的话，能够在这些（一个或多个）问题上取得一个重大进展。"该提案提出了在人工智能方面的研究与思考方向，经过将近一年的酝酿，在 1956 年达特茅斯会议上的讨论引起了计算机学界的关注和共鸣，从而宣布了"人工智能"这一新兴学科的诞生。经过 60 多年的演进，人工智能技术可以使机器仿真人类意识、行为、思维等，在生活、工作中为人类高效率、高质量地完成一些复杂化、机械性、高危性的工作，有助于提高效率和保证人身安全。

从狭义上讲，人工智能技术体系仅包括软件层面的核心算法与通用工具技术。机器学习作为人工智能的核心算法，包含神经网络、深度学习、迁移学习、增强学习、生成式对抗学习等算法。其中深度学习算法在本轮人工智能产业浪潮中发挥了巨大作用。通用工具技术是人工智能核心算法的具体应用，包含识别、理解、交互方面的具体技术，如人脸识别、语音识别、机器翻译、文本分析、资讯检索、问答系统、虚拟现实（Virtual Reality，VR）等技术，这些技术的发展加速了人工智能的产业化进程。从广义上讲，人工智能技术体系还包括基础软硬件，如芯片、传感器、大数据、云计算、存储系统技术等均是构成人工智能的坚实支点，推动着人工智能自主学习潜能迅速释放。

值得注意的是，图灵曾经预测：到 2000 年，一台智能机器有 30% 的可能有 5 分钟的时间让人类无法分辨；而在随后的 50 年，人工智能将在各个领域蓬勃发展。如今，人工智能达到预期了吗？无论这一话题如何众说纷纭，对于人工智能引领了新的产业革命的说法，已成为越来越多人的共识。

从词源意义上来说，"革命"（Revolution）是一个源自天文学的概念，是指行星在轨道上周而复始地运行。地球绕日公转一周回到原点，就空间而言是一种回归，就时间而言是前进，就时空关系而言，则是螺旋式上升。这也正与人工智能的发展逻辑暗合：人工智能的演进和突变，并没有颠覆原有发展逻辑和社会预期，而是对自身的扬弃、迭代和革新。

人工智能自诞生至今，其发展经历了"三起两落"，大致发展历程如下❶。

（1）人工智能的第一次崛起（20世纪50—70年代早期）。1956年，达特茅斯会议的召开吸引了很多著名高校投入人工智能的研究领域，人工智能的发展迎来第一次热潮，并开始逐渐走向世界。

（2）人工智能的第一次跌落（20世纪70年代）。人工智能技术的发展还处在不成熟阶段，存在数据挖掘技术落后、运算能力不强、学习能力不强等问题，导致人工智能的发展遭遇了第一个发展低潮。

（3）人工智能的第二次崛起（1980—1987年）。在遭到第一次打击之后，人工智能的发展速度大为减缓，但并没有完全停止，最终催生了第二次人工智能的发展热潮。

（4）人工智能的第二次跌落（1987—1993年）。人工智能专家系统的弊端再次显露，因此，人工智能的第二次崛起很快受到了打击。

（5）人工智能的第三次崛起（1993年至今）。人工智能技术在经历了"两起两落"之后，只有部分专家仍然坚守在遭受"冷遇"的人工智能领域，经过数年的艰难探索，人工智能终于再次崛起。

人工智能学科自诞生之初便树立了其模拟、延伸、扩展人类智能的宏伟目标。60多年来，虽然人工智能获得了长足发展，但是离学科诞生之初提出

---

❶　刁生富，吴选红，刁宏宇. 重估：人工智能与人的生存［M］. 北京：电子工业出版社，2019.

的实现人类水平智能的目标仍然有很大的距离。人工智能的发展经历了多次繁荣和低谷的交替。在每一次人工智能发展的繁荣期，人们往往在取得一些进步后就对人工智能技术的发展盲目乐观，逐渐产生了不切实际的预期，最终带来的沮丧是导致人工智能发展进入低谷的直接原因。

技术革命使人工智能发展的原动力不断累积。近年来，随着技术、算法（Algorithm）、大数据（Big Data）、场景和人才的不断充实，人工智能正在渗透到各个领域，在工业、医疗、城市治理等领域都验证了自身价值，而且未来将会有更多产业与人工智能技术进行创新融合，催生出更多新业态、新模式。由制造业主导的机器自动化时代，正式迈向由服务业主导的机器智能化时代。

人工智能再度获得重视的原因在于计算机和云端技术的突飞猛进，使算法、大数据与硬件运算能力等人工智能核心能力大幅度提升。深度学习（Deep Learning）技术引领着人工智能的快速发展，该技术使机器能够从海量数据中学习规律，从而对新样本作出自动辨识、自我学习、自我判断和准确预测。数据量、运算力和算法的极速提升与精进，驱动人工智能的核心应用不断优化，为人工智能在众多领域中的广泛应用奠定了坚实的基础。过去局限于自然语言、计算机视觉及移动控制等核心应用的准确性与稳定性不足，且缺乏自我调适与修正能力，以致人工智能难以顺利实现商用；随着关键技术的突破、核心应用的优化，人工智能服务的稳定度可逐渐逼近真人服务，亦即取代人类官能、反应与行动，最终突破自动化服务商用的临界点，多样化的可取代全部或大部分人力的人工智能服务逐渐问世，重塑全球商业环境。人工智能的四大核心应用领域如下。

（1）推论推荐方面。各项数据应用的深化，不再依赖于逻辑知识库的推理，同时提高问题分析的全面性，以达成人工智能对问题情境的高度掌握，从而帮助提问者更好地解决问题。例如，行车路径规划不再只根据地理信息来建议最短路径，更可综合考虑天气、车流等其他预测信息，再依据提问者的需求（如最快或最安全等），提供定制化的最佳行车路径。

（2）自然语言方面。随着数据库记忆处理能力的提高，使单一的"傻瓜式"互动模式进化为能够分析语境信息，进而理解提问者的意图与情绪，并以聊天式互动模式来解决问题。在"自然语言"方面，用字也更加精确，且能完成较长段落文章的撰写，而不再仅是单字词组。这两方面皆有助于人机间沟通层面商用自动化服务的发展，如聊天机器人（Chatbot）等。

（3）计算机视觉方面。结合边缘运算（Edge Computing）技术，提高人工智能对象的辨识与互动效率，以达到实时辨识与响应，并判断对象行为与环境情境。例如，当人工智能识别出蛋糕、蜡烛、礼物等对象和人物动作后，可计算并理解这可能是一个"生日聚会"的情境。

（4）移动控制方面。由独立的人工智能对象以预先设定程序与人工校正的模式运作，发展为通过传感器与机器学习技术，让人工智能对象自行学习其与环境互动的因果关系，进而做到自主修正，并促进人机间、机器间的协作应用。计算机视觉结合移动控制，进一步节省了大量的劳动力成本，将人力释放至具有更高价值的生产活动当中。

上述四大核心应用领域的优化，无疑开启了一扇通往实现人工智能产业和服务升级的梦想之门，并体现在数据分析预测力的提升以及新兴服务与管理应用实用性的增强两个方面。人工智能在经历了 2017 年的爆炸式发展后，并没有冷却下来，巨头们强势布局，各大"独角兽"纷纷进入成长期，在政策和资本的支持下加速打破技术壁垒，推广商业应用，预计 AI+安防、AI+出行、AI+工业、AI+金融等行业将率先增长，计算芯片、模式识别（语音和图像）、自然语言理解的可用性将得到检验，新的消费场景和商业模式将得到探索。

虽然目前各大资本和主流媒体对人工智能进行了大量"炒作"，但人工智能的潜在机会和利益有时仍然会被低估甚至饱受争议。通常来说，对于新技术，人们往往既会高估其在短期内带来的影响，又会低估其在长期上能够产生的影响。人工智能不仅是将人的智能模拟化、机器化的技术，还应当被视作一个"技术丛"。

二、先发先试和后发先至：中国的人工智能产业化之路

人工智能是国际竞争新焦点、经济发展新引擎、社会建设新机遇。人工智能经过 60 多年的演进，在移动互联网、大数据、超级计算、传感网、脑科学等新理论、新技术以及经济社会发展需求的共同驱动下，进入了具备深度学习、跨界融合、人机协同、群智开放、自主操控等新特征的发展阶段。新一代人工智能作为引领未来科技创新发展的革命性技术，成为世界主要发达国家提升国家竞争力和维护国家安全的重大战略。我国高度重视人工智能发展，明确提出要以加快人工智能与经济、社会深度融合为主线，以提升新一代人工智能科技创新能力为主攻方向，加快建设创新型国家和世界科技强国，出台了一系列把握方向、抢占先机的政策措施，并在此基础上塑造了中国的人工智能产业化形态。

自 2015 年以来，人工智能在国内获得了快速发展，我国政府相继出台了一系列政策支持人工智能的发展，推动中国人工智能步入新阶段。2017—2019 年，人工智能连续三年被政府工作报告提及，发展人工智能迅速上升至国家战略层面，已成为促进新兴产业快速发展的新动能。2020 年，"新基建"首次被写入政府工作报告，所谓"新基建"，主要包括 5G 基站建设、大数据中心、人工智能、工业互联网等七大领域。这说明，我国的人工智能产业已经走过了萌芽阶段与初步发展阶段，将进入快速发展阶段，并且更加注重应用落地。在《2021 年政府工作报告》提出的"十四五"期间要开展攻关的具体领域中，人工智能超越量子信息、集成电路、生命健康、脑科学、生物育种、空天科技、深地深海等前沿领域而名列首位。这是从国家的急迫需要和长远需求出发，在事关国家安全和发展全局的基础核心领域作出的前瞻性、战略性部署。

在中国，人工智能产业链结构包括三个层次：基础层、技术层和应用层

（见表1-1）。其中，基础层是人工智能产业的基础，主要是研发硬件及软件，如人工智能芯片、数据资源、云计算平台等，为人工智能提供数据及算力支撑；技术层是人工智能产业的核心，其以模拟人的智能相关特征为出发点，构建技术路径；应用层是人工智能产业的延伸，其集成一类或多类人工智能基础应用技术，面向特定应用场景需求而形成软、硬件产品或解决方案。

表1-1　中国人工智能产业链结构

应用层	智能医疗	智慧金融	智慧教育	智能交通	智能家居	智慧零售	智能制造	……
	医疗影像	贷款评估	作业批改	自动驾驶	智能照明	智能收银	工业机器人	
	远程诊断	智能投顾（机器人理财）	智能问答	交通控制	智能门锁	无人商店	智能供应链	……
	药物挖掘	金融监管	远程辅导	车辆识别	机器人	智能配货	智能运维	
	疾病预测	智能客服	虚拟课堂	车辆检测	智能物联	智能物联	产品检测	……
技术层	算法理论		开发平台		应用技术			
	机器学习算法	类脑算法	基础开源框架	技术开放平台	计算机视觉	自然语言理解	智能语音	机器视觉
基础层	计算硬件		计算系统技术			数据		
	人工智能芯片	传感器	云计算	大数据	5G通信	数据采集	标注	分析

经过近些年的快速发展，国内人工智能产业上中下游格局也逐渐变得清晰。其中，上游提供基础能力，中游将基础能力转化成人工智能技术，下游则将人工智能技术应用到特定行业中。随着人工智能第三次浪潮席卷全球，美国、英国、德国和日本等多个国家或地区都颁布了关于人工智能的纲领性文件，递进式地加强人工智能从顶层设计到基层行动的部署，试图抢占人工智能高地，在新一代人工智能所引领的全球秩序与经济格局中占得先机，为各自经济社会发展提供新的驱动力。中国与世界同步部署人工智能战略，先

后出台《新一代人工智能发展规划》《促进新一代人工智能产业发展三年行动计划（2018—2020年）》《关于促进人工智能和实体经济深度融合的指导意见》等一系列规划和措施（见表1-2），旨在确立人工智能发展目标、行动方案及产业化路径，落实"推动互联网、大数据、人工智能和实体经济深度融合"❶，力图利用技术驱动产业向高质量发展迈进。人工智能是产业革命的引领性技术，但是它是以非普惠的方式作用于经济发展之中的。因此，从中国产业发展实践出发，考虑人工智能技术产业化应用水平，进一步从产业升级和产业结构优化两个方面揭示人工智能对产业发展质量的影响，对于人工智能促进中国产业发展质量提升，提高产品供给质量，深化供给侧结构性改革，推动经济高质量发展有着十分重要的现实意义。

人工智能影响产业发展质量的路径有两条：一是人工智能产业化引致产业发展质量提升的路径，即人工智能基础层、技术层和应用层所组成的人工智能产业生态输出人工智能技术，支撑人工智能产品和服务的功能实现，使人工智能产业的产值增加。这将引致高技术产业比重增加，促进产业发展质量提升。二是产业人工智能化引致产业发展质量提升的路径，即人工智能发挥渗透性、替代性、协同性和创新性等技术经济特征，对各产业部门产生要素替代、成本降低与知识创造等效应，进而提高各产业部门的生产效率、资源配置效率、产品和服务质量，推动传统产业升级和产业结构优化。

表1-2　国家层面人工智能重点政策汇总

时间	政策名称	主要内容
2015年5月	《中国制造2025》	加快推动新一代信息技术与制造技术融合发展，把智能制造作为两化深度融合的主攻方向；着力发展智能装备和智能产品，推进生产过程智能化

❶ 习近平. 决胜全面建成小康社会　夺取新时代中国特色社会主义伟大胜利：在中国共产党第十九次全国代表大会上的报告［M］. 北京：人民出版社，2017：20.

续表

时间	政策名称	主要内容
2015 年 7 月	《国务院关于积极推进"互联网+"行动的指导意见》	将人工智能列为其 11 项重点行动之一。具体行动：培育发展人工智能新兴产业；推进重点领域智能产品创新；提升终端产品智能化水平。主要目标是加快人工智能核心技术突破，促进人工智能在智能家居、智能终端、智能汽车、机器人等领域的推广应用
2016 年 3 月	《中华人民共和国国民经济和社会发展第十三个五年规划纲要》	加快信息网络新技术开发应用，重点突破大数据和云计算关键技术、自主可控操作系统、高端工业和大型管理软件、新兴领域人工智能技术，"人工智能"被写入"十三五"规划纲要
2016 年 4 月	《机器人产业发展规划（2016—2020 年）》	到 2020 年，自主品牌工业机器人年产量达到 10 万台，六轴及以上工业机器人年产量达到 5 万台以上。服务机器人年销售收入超过 300 亿元；工业机器人主要技术指标达到国外同类产品水平；机器人用精密减速器、伺服电机及驱动器等关键零部件取得重大突破
2016 年 5 月	《"互联网+"人工智能三年行动实施方案》	到 2018 年，打造人工智能基础资源与创新平台，人工智能产业体系基本建立，基础核心技术有所突破，总体技术与产业发展和国际同步，应用及系统级技术局部领先
2016 年 7 月	《"十三五"国家科技创新规划》	发展新一代信息技术，其中，在人工智能方面，重点发展大数据驱动的类人智能技术方法，在基于大数据分析的类人智能方向取得重要突破
2016 年 9 月	《智能硬件产业创新发展专项行动（2016—2018 年）》	重点发展智能穿戴设备、智能车载设备、智能医疗健康设备、智能服务机器人、工业级智能硬件设备等
2016 年 11 月	《"十三五"国家战略性新兴产业发展规划》	发展人工智能，培育人工智能产业生态，推动人工智能技术向各行业全面融合渗透。具体包括：加快人工智能支撑体系建设，推动人工智能技术在各领域应用，鼓励各行业加强与人工智能融合，逐步实现智能化升级
2017 年 3 月	《2017 年政府工作报告》	"人工智能"首次被写入全国政府工作报告：一方面要加快培育新材料、人工智能、集成电路、生物制药、第五代移动通信等新兴产业，另一方面要应用大数据、云计算、物联网等技术加快改造提升传统产业，把发展智能制造作为主攻方向

时间	政策名称	主要内容
2017 年 7 月	《新一代人工智能发展规划》	确定新一代人工智能发展"三步走"战略目标，将人工智能上升为国家战略层面。第一步，到 2020 年，人工智能技术和应用与世界先进水平同步，人工智能核心产业规模超过 1500 亿元，带动相关产业规模超过 1 万亿元；第二步，到 2025 年，人工智能基础理论实现重大突破，部分技术与应用达到世界领先水平，核心产业规模超过 4000 亿元，带动相关产业规模超过 5 万亿元；第三步，到 2030 年，人工智能理论、技术与应用总体达到世界领先水平，核心产业规模超过 1 万亿元，带动相关产业规模超过 10 万亿元
2017 年 10 月	十九大报告	"人工智能"被写入十九大报告，将推动互联网、大数据、人工智能和实体经济深度融合
2017 年 12 月	《促进新一代人工智能产业发展三年行动计划（2018—2020 年）》	从推动产业发展角度出发，结合"中国制造2025"，对《新一代人工智能发展规划》相关任务进行了细化和落实，以信息技术与制造技术深度融合为主线，以新一代人工智能技术的产业化和集成应用为重点，推动人工智能和实体经济深度融合
2018 年 3 月	《2018 年政府工作报告》	人工智能再次被列入政府工作报告：加强新一代人工智能研发应用；在医疗、养老、教育、文化、体育等多领域推进"互联网+"；发展智能产业，拓展智能生活
2018 年 4 月	《高等学校人工智能创新行动计划》	到 2020 年，基本完成适应新一代人工智能发展的高校科技创新体系和学科体系的优化布局，高校在新一代人工智能基础理论和关键技术研究等方面取得新突破，人才培养和科学研究的优势进一步提升，并推动人工智能技术广泛应用
2018 年 11 月	《新一代人工智能产业创新重点任务揭榜工作方案》	通过在人工智能主要细分领域，选拔"领头羊"先锋队，树立标杆企业，培育创新发展的主力军，加快我国人工智能产业与实体经济深度融合

续表

时间	政策名称	主要内容
2019 年 3 月	《2019 年政府工作报告》	将人工智能升级为"智能+"，要推动传统产业改造提升，特别是要打造工业互联网平台，拓展"智能+"，为制造业转型升级赋能。要促进新兴产业加快发展，深化大数据、人工智能等研发应用，培育新一代信息技术、高端装备、生物医药、新能源汽车、新材料等新兴产业集群，壮大数字经济
2019 年 3 月	《关于促进人工智能和实体经济深度融合的指导意见》	把握新一代人工智能的发展特点，结合不同行业、不同区域特点，探索创新成果应用转化的路径和方法，构建数据驱动、人机协同、跨界融合、共创分享的智能经济形态
2019 年 6 月	《新一代人工智能治理原则——发展负责任的人工智能》	突出了发展负责任的人工智能这一主题，强调了和谐友好、公平公正、包容共享、尊重隐私、安全可控、共担责任、开放协作、敏捷治理八条原则
2020 年 3 月	《加强"从 0 到 1"基础研究工作方案》	加强基础研究人才培养，建立健全基础人才培养机制，实施青年科学家长期项目，在科技计划中支持青年科学家
2020 年 7 月	《国家新一代人工智能标准体系建设指南》	中央网信办等五部门要求到 2021 年，明确人工智能标准化顶层设计；到 2023 年，初步建立人工智能标准体系
2021 年 7 月	《新型数据中心发展三年行动计划（2021—2023 年）》	工信部印发，要求推动新型数据中心与人工智能等技术协同发展，构建完善新型智能算力生态体系
2021 年 9 月	《新一代人工智能伦理规范》	国家新一代人工智能治理专业委员会印发，旨在将伦理道德融入人工智能全生命周期，为从事人工智能相关活动的自然人、法人和其他相关机构等提供伦理指引

　　自 2015 年以来，我国多个省份和城市先后发布多个支持人工智能发展的政策（见表 1-3），为人工智能技术发展和落地提供大量的项目发展基金，并且对人工智能人才的引入和企业创新提供支持。这有利于推进人工智能、云计算、大数据、物联网、移动互联网、区块链等新兴技术的综合应用以及与实体经济、政府治理、公共服务等方面的深度融合，促进新旧动能转换和省域经济社会的高质量跨越式发展。

表1-3 地方层面人工智能重点政策汇总

省份/城市	政策/方案	主要内容
北京市	《北京市加快新型基础设施建设行动方案（2020—2022年）》	推动人工智能等新一代信息技术和机器人等高端装备与工业互联网融合应用，并且重点提出人工智能基础层的算力、算法和算量的建设
广州市	《广州市关于推进新一代人工智能产业发展的行动计划（2020—2022年）》	到2022年，全市人工智能产业规模超过1200亿元，打造8个产业集群，建设10个人工智能产业园，培育10家以上行业领军企业，推动形成50个智能经济和智能社会应用场景，推进实施100个应用示范项目，争取创建国家级人工智能创新试验区、人工智能先导区
山东省	《山东省人民政府关于加快鲁南经济圈一体化发展的指导意见》	加快人工智能等新型基础建设，推动人工智能、装备制造、生物医药等领域开展协同创新
济南市	《济南国家级新一代人工智能创新发展试验区建设若干政策》	支持人工智能重点领域基础前沿研究和关键核心技术研发；支持建设人工智能领域研发平台；支持创新应用和应用场景开放；鼓励各类机构承接大科学计划和大科学工厂；支持打造"人工智能岛"和人工智能创新产业集聚区
江西省	《江西省数字经济发展三年行动计划（2020—2022年）》	支持建设人工智能领域创新平台，加强人工智能领域基础理论研究和关键技术攻关，培育人工智能重点产品和龙头企业，到2022年，全省人工智能及相关产业营业收入突破500亿元
成都市	《2020年成都市政府工作报告》	积极推动国家新一代人工智能创新发展试验区建设
重庆市	《重庆市新型基础设施重大项目建设行动方案（2020—2022年）》	打造基于区块链、人工智能等新兴技术的安全可信型基础设施生态环境，打造一批产业互联网平台、人工智能服务平台。人工智能公共服务平台将实施22个项目，投资额约284亿元
	《重庆市建设国家新一代人工智能创新发展试验区实施方案》	到2022年，人工智能新型基础设施保障体系和政策支撑体系基本建成，人工智能应用示范取得显著成效，人工智能技术创新和产业发展进入全国第一方阵

续表

省份/城市	政策/方案	主要内容
福建省	《2020 年数字福建工作要点》	实施人工智能应用示范；推广一批人工智能创新应用和产品，建成 100 项人工智能应用示范项目；加快高校人工智能专业建设，推进中小学人工智能进课堂，积极发展数字农业；探索运用人工智能技术开展农业种植、养殖疾病疫情监测与防治；突破一批信息化核心关键技术，加快人工智能创新平台建设
安徽省	《关于支持人工智能产业创新发展若干政策》	明确制定人工智能关键技术与重点产品导向研制目录，对智能传感器、高端智能芯片、智能制造装备等项目给予最高 2000 万元的补助；实施"人工智能+"应用示范工程；支持企业研发产业和人工智能场景应用方案推广，每年择优评选 10 个人工智能场景应用示范予以授牌并给予项目最高 1000 万元的补助等
辽宁省	《辽宁省工业互联网创新发展三年行动计划（2020—2022 年）》	加快人工智能创新中心等云创新载体发展应用，开展人工智能和工业互联网融合研究及应用，促进产业向智能化发展。到 2022 年，建设 100 家"5G+工业互联网"示范工厂，工业互联网和 5G、人工智能等新技术融合发展能力显著提升
云南省	《云南省新一代人工智能发展规划》	全力推进"数字云南"建设，以丰富人工智能技术应用为先导，以实现数据汇聚和共享为突破，构建开放协同的人工智能科技创新体系；到 2025 年，云南省新一代人工智能产业体系日益完备，面向云南周边、南亚东南亚地区输出人工智能技术产品和应用服务；到 2030 年，形成涵盖核心技术、关键系统、支撑平台和智能应用的较为完备的新一代人工智能产业体系

　　美国是人工智能发展和应用的全球领导者，在尖端科技研究、半导体技术及制造、人工智能人才荟聚等方面有明显优势。美国拥有全球多家规模庞大的数码科技企业，如苹果、微软、亚马逊、"脸书"（Facebook）和 IBM。这些公司坐拥大量专有资料、技术和资本，且能吸引高技术专才加盟，因此一直担当着推动美国人工智能发展的角色。

　　在美国，硅谷一直位处创科发展前沿，是顶尖大学、初创企业、科技公司和创业投资者的集中地,提供创科所需的人才和科研配套。硅谷主导着全球的初创企业生态系统,多家全球最大数码企业在当地设立总部,亦有1.5万~1.6万家的初创企业落户,共拥有约200万名科技人员。

在美国,科学和技术政策办公室(Office of Science and Technology Policy,OSTP)负责就联邦政府研发预算向总统提供意见,并为肩负重大科学和科技职能的联邦机构确定研发项目的工作优先级。在美国国家科技委员会(National Science and Technology Council)的协助下,科学和技术政策办公室也负责统筹跨政府机构的研究工作。

美国国家科技委员会成立了两个小组委员会,分别为网络和资讯科技研究及发展小组委员会(Subcommittee on Networking and Information Technology Research and Development)以及机器学习和人工智能小组委员会(Subcommittee on Machine Learning and Artificial Intelligence),负责统筹各个联邦机构应用人工智能科技的工作。美国国家科技委员会在2018年5月设立了人工智能专责委员会(Select Committee on Artificial Intelligence),负责就跨政府机构人工智能研发项目的工作重点向白宫提供意见。美国近年人工智能政策的发展见表1-4。

表1-4 美国近年人工智能政策的发展

时间	文件/报告
2016年5月	白宫提出《白宫对人工智能未来发展的倡议》(*White House Future of Artificial Intelligence Initiative*),由科学和技术政策办公室领导举办一系列公众参与活动、政策分析及工作坊,以探讨人工智能对人类社会的影响
2016年10月	奥巴马政府发表两份有关人工智能的报告:①《准备迎接人工智能的未来》(*Preparing for the Future of Artificial Intelligence*),其中探讨人工智能发展现况,并就联邦政府机构进一步推广人工智能相关行动计划提供建议方案;②《全国人工智能研究及发展策略计划》(*National Artificial Intelligence Research and Development Strategic Plan*),其中详列七大策略,指引美国人工智能研发活动的方向

续表

2016 年 12 月	奥巴马政府发表另一份有关人工智能的报告，名为《人工智能、自动化及经济》（Artificial Intelligence, Automation, and the Economy），其中探讨工序自动化的影响，以及提升人工智能效益和降低所需成本的政策
2017 年 12 月	特朗普政府公布《国家安全策略报告》（National Security Strategic Report），表明美国会优先发展对经济增长和安全具有关键作用的新兴科技（包括人工智能）
2018 年 5 月	白宫举办美国人工智能行业高峰会（Artificial Intelligence for American Industry Summit），汇集龙头科技公司，讨论发展人工智能技术的策略。在该次高峰会上，美国宣布在国家科技委员会之下成立人工智能专责委员会，探讨美国在人工智能发展方面的工作重点及投资事宜
2019 年 2 月	特朗普签署维护美国人工智能领导地位行政命令（Executive Order on Maintaining American Leadership in Artificial Intelligence），推出"美国 AI 倡议"（American AI Initiative），制订多管齐下的政策方针以推动人工智能发展
2019 年 3 月	美国联邦政府推出 AI. gov 网站，以便公众浏览政府现有的各项人工智能计划
2019 年 6 月	人工智能专责委员会发表《全国人工智能研究及发展策略计划》的更新版，内容包括针对美国联邦政府就人工智能研发相关投资的八大指引策略
2019 年 9 月	白宫举行高峰会，讨论美国政府应用人工智能的事宜
2020 年 2 月	美国白宫向国会提交 2021 财年联邦政府预算报告，提议将联邦研发支出增加到 1422 亿美元，比 2020 年的相关预算增加 6%，尤其计划大幅度地增加人工智能和量子信息科学（QIS）等未来产业的研发投资
2020 年 4 月	时任美国总统特朗普考虑修改规则，防止他国通过民用、商业等途径获取美国先进技术并转为军用
2021 年 1 月	美国正式颁布《2020 年美国国家人工智能倡议法案》，旨在确保美国在全球人工智能技术领域保持领先地位，将美国人工智能计划编入法典，保障增加研究投入、获取计算和数据资源、设置技术标准、建立劳动力系统及与盟友展开合作
2021 年 6 月	美国国会发布人工智能问责框架，围绕治理、数据、表现和监测四个互补的主题，并对每个主题涉及的关键实践做法、系列问题和问责程序等进行阐释，以确保联邦机构以及参与人工智能系统设计、开发、部署和持续监测的其他实体负责任地使用人工智能，不仅体现了对人工智能伦理的深切关注，而且为今后的人工智能政策和立法确立了原则与方向

三、5G、人工智能、区块链：未来工作图景的重新定义

人工智能是影响当前与未来就业的重要因素，它对就业的影响可能甚于以往的技术创新。关于人工智能是会减少工作岗位还是创造更多就业机会的争论是无时不在、无远弗届的。

历史并不重复，只是押韵而已。19世纪初，英国莱斯特郡一位名叫卢德的工人出于对失业和破产的恐惧，愤怒地捣毁了织袜机，掀起了轰轰烈烈的"卢德运动"。1821年，经济学家大卫·李嘉图（David Ricardo）认为，机器很快就可以取代劳动力，机器对社会各阶层，尤其是劳动阶级的影响巨大，因为使用机器将会不断致使他们的利益受损。那时的人们称之为"机器问题"而非"工业革命"。哲学家托马斯·卡莱尔（Thomas Carlyle）则于1838年猛烈地抨击高效率、高产能的蒸汽机为"机械魔鬼"，认为其破坏性的力量是"搅乱全体工人正常生活"的罪魁祸首。继而在20世纪二三十年代第二次工业革命之时，这个议题又一次被街谈巷议；经济学家约翰·梅纳德·凯恩斯（John Maynard Keynes）甚至在此期间创造了词汇"技术性失业"（Technological Unemployment）。当然，我们都知道，人们对机器的恐惧消失了，因为很快有更多人找到了待遇更优厚、环境更优越的新工作。而原因恰恰在于，机器解放了生产力，释放了人的潜力，增加了社会财富和经济总量。

如今，蒸汽机变成了机器人和人工智能，这一担忧也随之卷土重来。2013年，牛津大学学者卡尔·弗雷（Carl Frey）和迈克尔·奥斯伯恩（Michael Osborne）发表《就业的未来：就业对计算机化的敏感程度》（*The Future of Employment：How Susceptible Are Jobs to Computerisation*）一文，认为到2030年中期，美国47%的岗位有可能会实现自动化，被机器人替代。这篇文章认为，在美国的700多种职业中，办公室行政、销售以及各种服务行业都属于未来的就业高风险行业。美国银行——美林证券（Bank of America Merrill

Lynch）则预测，到 2025 年，由人工智能引发的"年度创新性破坏影响"（Annual Creative Disruption Impact）将达到 14 万亿~33 万亿美元，其中包括 9 万亿美元的人工成本，因为人工智能可以使知识工作自动化；8 万亿美元的生产和医疗成本；使用无人驾驶汽车和无人机带来的 2 万亿美元的效率增益；等等。智库麦肯锡全球研究院（McKinsey Global Institute）声称：人工智能正在促进社会转型，与工业革命时相比，这次的转型速度要快 10 倍，规模大 300 倍，影响力则几乎超过 3000 倍。

人工智能同时具有就业替代和创造效应，但智能系统替代人类劳动需要满足一定的前提条件，其创造就业的作用也受到诸多因素限制。事实上，卡尔·弗雷和迈克尔·奥斯伯恩在上文中也表示，这些行业"容易"受影响并不意味着"一定会"被影响，因为一个行业要实现自动化还受制于成本、监管政策、政治压力和社会抵制等多种因素。2019 年，卡尔·弗雷的新书《技术陷阱》（The Technology Trap）出版，很快又风靡一时。这本书全面地审视了从工业革命到人工智能时代的技术进步历史，以及技术进步如何从根本上改变了社会成员之间的经济和政治权力分配情况。他认为，机器和人的关系不应该局限于某个岗位，而从行业角度看更为客观。最典型的案例就是银行使用自动取款机（ATM）的历史。很多人曾担心 ATM 会让银行柜台工作岗位消失，事实上，随着 ATM 的增多，运营一个分行的成本却降低了，这使银行能够开设更多的分行以满足客户需求；这当然也使银行员工的总数量上升了。ATM 并非摧毁了银行工作，而是改变了银行职员的工作内容，使他们远离了那些琐碎的流程化任务，更加专注于贷款、信用卡和理财业务等这些机器没办法完成的客户任务。

同样的模式随着各行各业逐渐引进计算机后周而复始地出现：与其说自动化令工作消亡，不如说其重新定义了工作，结果则是成本的降低和需求的增长。人工智能发展对就业规模的影响存在较大程度的不确定性，对就业结构的影响将体现为高、低端岗位两极增长趋势。人工智能发展还会通过改善工作环境、减少工作时间、改变劳动报酬而对就业质量产生影响。政府、企业与劳动者三方应共同努力，积极应对人工智能技术对就业的各种影响。

在人工智能对劳动力市场的影响方面，需要考虑以下几个问题。首先，随着人口红利的消失及社会老龄化程度的加剧，以人工智能为代表的制度和技术红利的发展是一个必然趋势。其次，在未来，一些新兴的专业性工作机会或过去被忽略的工作岗位将应运而生，如计算机领域的专业性人才、志愿服务类等机器人无法替代的工种或面临大量的需求。最后，政府未来也会更加注重对人工智能技术相关政策的规划与协调。一方面，政府将加大对劳动力进行再培训和再教育的力度，使其能够从事一些人工智能并不擅长的专业性领域，未来劳动力将更加适应智能社会和智能经济发展的需要。另一方面，由于人工智能的诞生会使大量财富集中到少数人手中，加剧社会财富的两极分化。因此，各国政府或将对那些受人工智能改革负面影响的群体重新制定税收分配政策以及福利资助措施，通过再分配政策促进社会公平的实现。在人工智能对社会通胀水平的影响方面，不可否认技术进步在一定程度上会大幅度提升社会生产力，从而降低消费品价格。值得注意的是，人工智能在创造大量财富的同时亦会带来消费升级，这意味着消费者不再执着于价格本身，而是更关注产品质量、消费体验以及销售服务等。

人工智能及其应用将通过辅助或替代人类劳动，提升工作效率，从而提高生产力。因此，对老龄化日益严重、缺乏足够的劳动力来维持经济增长的国家来说，人工智能的应用是推动其经济继续增长的主要力量。据普华永道估计，到 2030 年，人工智能对全球经济的贡献将高达 15.7 万亿美元。在人工智能的推动下，全球 GDP 将会由 2015 年的 74.0 万亿美元增长至 2030 年的 89.7 万亿美元。一些经济学家甚至认为，人工智能迅速扩大的数据集、机器学习和日益提高的计算能力，应被列为除资本和劳动力之外的一种全新的生产要素——虚拟劳动力。

在收入分配方面，人工智能的应用将会增加收入差距，令贫富差距更悬殊、社会分化情况更严重，因为人工智能的出现会取代部分劳动力，减少对中低端技术员工的需求。如果不能转业，这些低收入的员工将会面临减薪或失业的风险。美国经济学家杰森·福尔曼（Jason Furman）指出，美国有83%每小时工资不到20美元的工作将面临被人工智能取代的严重压力。对于每小时工资为20~40美元的中等收入工作，将被人工智能取代的比例也高达31%。据预测，人工智能将是一个每年市值达到数十亿美元的庞大产业。开发人工智能技术需要大量资源，这导致只有那些拥有强大数据以及计算能力的企业才能够通过人工智能深入地了解市场动态，从而获取更多商机，令富者更富，但无法为中小型企业带来优势。

在职场上，通过对人工智能的广泛应用，机器的设计能有效地配合员工的工作，例如，为失业人士重新设计专门的教育与培训、收入津贴、社会保障和过渡期支持，提升他们的知识水平和工作技能。在职人士在日常工作中也能通过更广泛地与机器合作，不断学习未来自动化时代所要求的新技能，提升他们的知识水平。故此，人工智能的应用对教育程度有正面的影响。再者，人工智能使人们可以随时随地地学习，不受地域和经济的局限，使一些低技术、低教育水平的人可以重新学习，通过自己的努力提升教育水平，增加自身的价值和议价能力。

在社会消费方面，人工智能有助于提高人类的健康水平、延长人类的寿命。人工智能除了能大幅度地提升医护水平外，还能把人类从烦琐的劳动中解放出来，增加人们的闲暇时间，使人们能在工作与生活上实现更佳的平衡。人工智能技术的优化升级已使智能穿戴产品、虚拟现实设备成为当下消费领域的热点。相信随着人工智能的发展，居民的消费结构、层次以及水平也会随之发生变化。未来消费升级或成主要趋势，消费品会更趋于中高端化和品牌化，消费升级使得低通胀并不一定成为未来必然存在和长期存在的状态。技术进步不是导致低通胀的唯一和必然因素，其反而有助于推动消费升级，带动全社会消费水平的提升。

四、产业发展与就业前景：本书的目的、内容与结构

毫无疑问，人工智能已经成为 21 世纪前两个 10 年里最引人注目和发人深省的概念之一，而且其作为一种生态系统，演变出了自身的行为模式，形塑着与人类的社会关系，从而更加深刻地影响着世界。

改革开放以来，我国经济得到了高速增长，低成本要素驱动了我国产业的快速发展和经济高速增长。然而，当前全球经济低迷，各国经济复苏乏力，为了应对复杂多变的世界政治经济新环境和逆全球化潮流，我国已提出高质量发展理念，即深化供给侧结构性改革，构建以国内大循环为主体、国内国际双循环相互促进的新发展格局。人口红利消失，绿水青山重现，我国的产业发展要紧紧依赖科技，特别是人工智能技术来优化结构、丰富内容、提高效率、引领方向。

本书的主旨在于探讨"后疫情"时代的人工智能产业化发展前景及其对社会职业结构和就业前景的影响。2020 年春节前夕，突如其来的新冠病毒感染疫情改变了全世界人们的生活，边境封闭导致全球贸易、研究合作遭遇重大挫折，疫情在全球范围内对经济增长和就业造成了严重影响，导致气候变化、战胜贫困和消除文盲等主要的全球化挑战在全球治理议程上的优先级都让位于"防疫"。面对经济下行和疫情冲击的双重压力，传统产业谋求升级转型的诉求日益强烈。疫情也打乱了中国人的节奏，给许多行业按下了"暂停键"。亿万城乡居民开启了"宅"生活，一幕幕传统线下需求迁移到线上的大剧上演，云买菜、云聚会、云就诊、云面试、云办公、云上课、云发布会等生活方式和服务模式成为潮流，释放和满足了人民群众的新需求。疫情对经济社会发展产生了短期冲击，科技、商业、医疗等领域面临一系列重大变革。另外，疫情也持续推动着相关科技的快速运用，包括远程工作、远程医疗、电子支付技术等，更多产业将面临全新的商业和技术环境。疫情也加速了我

国人工智能产业化从成长期到成熟期的演进，进一步催化了人和人工智能长期并存及多场景交互的趋势。

基于对国际国内人工智能产业政策和就业影响的观察，本书除引言外，包括三大部分共 11 章，分别阐释了产业人工智能化和人工智能产业化是如何交织进行的，展示了人工智能与产业和就业之间的复杂关系的多样化维度（见图 1-3）。

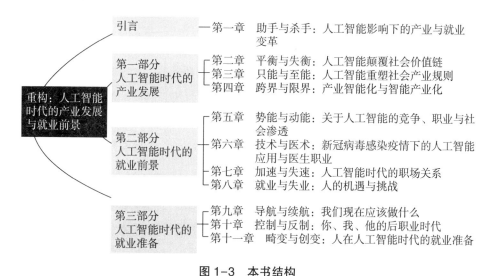

图 1-3　本书结构

第一章是全书的引言，从艾伦·图灵开始，简要地回顾了人工智能产生和发展的历程，分析了人工智能与产业和就业之间的关系，概述了我国人工智能及其产业化的现状和政策，并对全书的目的、内容和结构进行了简要介绍。

第二章是第一章内容的延续，从人工智能助力社会生产、重塑经济形态、颠覆社会价值链的角度，描述了产业将朝着更加精细化、专业化、智能化的方向转移，新型雇佣关系也将随之产生不可逆转的变化。本章将介绍共享与众包等新式工作内容，以及去中介化和再中介化、用户化和机器化等新型雇佣关系，也将回答"人工智能是可被信任的吗"这一引人入胜的"同类错觉"问题。

第三章认为，人工智能正在和将要持续解构部分经济社会产业，重构部分经济活动环节，催生新技术、新产业和新业态，重塑社会产业规则。本章重点分析了人工智能的溢出效应和"头雁效应"，即人工智能是理解、感知和自主行动的"领头雁"，从而对劳动关系、价值链、产业链等产生重要影响；人工智能也将在"选、用、育、留"等方面提高效率和效能，对未来的劳动关系和组织管理产生冲击。

第四章是本书的核心立论之一，从农业的集成（人工智能让地球再次美丽丰饶）、工业的跃迁（经济社会高质量发展的基础）、服务业的共振（财富渠道的颠覆性重塑）、智能产业化（以人工智能为核心的产业崛起）等不同切面，全景式地描摹了我国的产业结构在这些智能技术的赋能下展现出的新发展模式，说明智能技术与产业的融合将日益紧密，产业智能化和智能产业化的全新产业版图正初步显现。

第五章分析了 PK 体系与 WINTEL 体系的竞争、人工智能工程技术新职业的兴起、人工智能在社会中的深度渗透。所有这些，对技术、产业、职业和就业将产生深远影响。随着人工智能技术的不断发展完善，各种与人工智能技术相关的领域都在崛起，在这个过程中，围绕这些领域而展开的竞争与合作、就业与失业、融合与渗透等，都是非常值得关注的智能现象。而在这些现象的背后，都有一个总的智能技术"驱动力"和市场需求的"牵引力"，在持续不断地将人工智能推向市场，推向就业的中心。

第六章是对新冠病毒肆虐世界的观照和回应。公共卫生是关乎人类福祉的崇高事业，人工智能医疗和无畏逆行的白衣战士并肩作战，投入这场抗疫超限战之中。人工智能是医护人员的好帮手，也与他们在导诊、问诊、确诊和急诊等流程中展开了有趣的竞争。在"后疫情"时代，公共卫生行业面临重新定义，医生应做一名人工智能医疗的参与者、实践者乃至创新者。

第七章可能是读者最为关注的章节之一。你能接受机器人同事吗？无论

28

答案如何，这一问题描述的场景不会太遥远；你能想象在未来的某一天，机器人对你进行面试、聘用入职、培训上岗或者绩效考核吗？新一轮的职场关系正在重构，原有的职场平衡将被打破。和则双赢，一个人机合作工作的新时代正在加速到来，人类也将接受以任务为模块的社会角色。

第八章承袭上一章的论述，进一步分析了人的不可替代性，说明人工智能的发展会创造和释放部分人口红利，但同时也要警惕凯恩斯在 20 世纪 30 年代提出的"技术性失业"预言已经成为转型时代的现实困境。面对呼啸而至的人工智能时代，以及可能失业的窘迫，我们必须加速奔跑，树立终身学习的理念，利用新资源、新平台、新渠道不断提升自我。

第九章从儿童、青少年、大学生和蓝领工人的不同视角，分析和论述了构建从幼儿教育至中小学教育、再到高等教育和专业教育的人工智能教育体系的重要性。这不仅为经济社会的发展指明了方向，也提供了不竭的续航动力。我们只有坚持做好自身工作，保持学习热情，才能紧跟时代发展，建设更美好的人工智能时代。

第十章将有助于读者面对人工智能技术给工作内容和职业前景带来的变化，对自身与智能机器"冲击与挑战"的新型关系有一个正确的把握和认知。劳动者可以通过发挥其主观能动性，形成人机协作的新型工作思维，培养智能素养，实现在职业中的逆袭与超越。

第十一章可以被视为未来十年职场新人（甚至"老人"）的发展指南。面对着"万物互联""万物智能"和"数字鸿沟"，技术的发展是否会使我们成为马尔库塞所说的"单向度的人"？智能下沉，人工升格，人工智能是对人类自身的否定，还是给人类带来了发展的契机？单单是"人"的内涵与外延就已经发生了深刻的变化，我们已进入人类智能与人工智能共生的"后人类时代"。

第三次人工智能浪潮已席卷全球，任何人都不能置身事外。请和本书一起，理解人工智能与产业的关系，知悉人工智能时代的就业前景，自我赋能，踏上升级之旅吧！

第一部分 ——————————

人工智能时代的产业发展

CHAPTER

第二章　平衡与失衡：
人工智能颠覆社会价值链

　　人工智能助力社会生产，重塑经济形态，颠覆社会价值链，产业和就业也将随之发生颠覆性的变革。新的产业将朝着更加智慧化的方向转移，新型雇佣关系也将随之产生，我们应该提前做好准备，迎接人工智能时代的机遇和挑战。

　　新式工作内容：共享与众包
　　新型雇佣关系：去中介化和再中介化、用户化和机器化
　　同类的错觉：人工智能是可被信任的吗
　　人工智能重塑知识经济：持续协助和颠覆挑战

　　随着智能时代的发展，借助互联网、物联网、大数据、云计算和人工智能等新兴技术，人类从事物质资料生产的方式在不断发生变化，由此带来的工作内容及形式也更加丰富。在这样的条件下，生产方式朝着更加精细化、专业化、智能化的方向发展，产业和就业也将随之发生颠覆性的变革。

一、新式工作内容：共享与众包

古希腊科学家阿基米德说："给我一个支点，我就能撬起整个地球。"从这句话中可以看出技术和工具在改造世界中的巨大力量与价值。实际上，作为生产资料的重要组成部分，生产工具的发展水平在很大程度上决定了人类改造自然的广度与深度。同时，生产工具的变化也必然带来人类物质资料生产方式的变革。

远古时代，人类开始使用石器、木耒等简单的生产工具采集狩猎、刀耕火种；工业革命时期，由于科学技术的飞速迭代，人类开始使用蒸汽机、内燃机等效率更高的工具从事生产活动；信息时代，互联网等技术的兴起使人类开始利用知识和信息创造更多的社会财富；现阶段，互联网、大数据、云计算、人工智能、区块链等技术的发展，使人类从事生产活动的方式发生了很大的变化，由此带来了工作内容和形式的变革。

1978年，美国得克萨斯州立大学社会学教授马科斯·费尔逊（Marcus Felson）和伊利诺伊大学社会学教授琼·斯潘思（Joe L. Spaeth）在其论文《社区结构与协同消费：一种常规活动方法》（*Community Structure and Collaborative Consumption：A Routine Activity Approach*）中提出"共享经济"的概念，主要指代一种个体借助一定的市场平台（此平台由第三方创建，以信息技术为基础）交换自己的闲置物品，分享自己的知识、经验，或者向企业、某个创新项目等筹集资金的经济模式。但由于受共享空间、信任关系等各种因素的影响，这一概念在当时并未流行起来。

近几年，移动互联网的普及以及大数据、人工智能等新兴技术的应用，不仅带来了共享经济的发展，也使其形式不断丰富。在此背景下，出现了各种零工经济、平台经济等新称谓，但其实质也是一种共享经济。此外，企业的运营模式也随之发生了巨大的变化，众包便是一个典型的代表。可以说，共享经济为众包模式的产生提供了肥沃的土壤，众包的成长也恰恰是共享经济下企业运营模式转变的一种体现。

在传统的生产模式下，企业大都依赖于自身一套固有的运营机制与生产流程，依靠其内部长期、稳定的员工来分工合作，完成并处理内部的各项工作和事务。虽然这种模式有利于企业内部员工熟悉本公司相关产品的研发与生产流程，加强企业内部的沟通交流与协作，增强企业内部的凝聚力，具有一定的稳定性，但同时也存在一些不足：缺乏与外界的沟通交流，具有相对的封闭性；信息资源获取不够，对消费市场和目标客户的需求了解不足；缺乏创新，很难形成较强的核心竞争力；遇到难以解决的专业技术性难题时，需要花费高额成本去聘请专业技术人才；等等。

较之传统的企业运营模式，依托于互联网、大数据、人工智能等技术，适应时代需求而生的众包模式能够很好地弥补传统企业运营模式中的不足。众包（Crowdsourcing），主要是指一个公司或机构把过去由员工执行的工作、任务，以自由、自愿的形式外包给非特定（而且通常是大型）的大众用户的做法，最早由美国《连线》杂志记者杰夫·豪（Jeff Howe）于2006年6月提出。但实际上，在这一概念被提出之前，众包这种商业运营模式其实早已存在了，如我们日常所见的基于美团、饿了么、淘宝、滴滴打车等平台而兴起的外卖服务、物流配送、网约车等。

众包主要由三方组成，即发包方、众包平台以及接包方（见图2-1）。

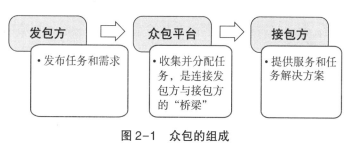

图2-1　众包的组成

发包方即需求方，通常是指需要处理某些工作、任务的企业或机构。发包方通过网络众包平台，发布给予一定劳务报酬或奖金且需要解决的任务及需求，吸引随机性的、非特定的大众网络用户为其"出谋划策"、解决问题、完成任务。通过这种方式，企业将其内部员工的工作外部化给大众用户，可以充分地整合和利用社会资源、汲取群众的智慧和创意，为企业自身的创新增添活力、增强核心竞争力。

此外，通过支付一定的劳务报酬，将特定的工作或任务通过众包的方式"包"给大众群体，也有利于企业提升效率、降低成本。通常情况下，企业在产品的生产以及技术的研发等过程中或多或少都会遇到一些"疑难杂症"。面对这些亟待解决的问题，若聘请专门的技术人才，则企业需要给予其一定的办公场所、附带的各种保险和保障，以及昂贵的聘请资金和费用等。但通过众包的方式打破企业的边界束缚，在全球范围内寻找各种"术业有专攻"的技术型人才，这一问题便迎刃而解了。这样既节省了企业的资金成本，又提高了企业的生产研发效率，可谓"双赢"甚至"多赢"。

最后，让社会大众参与企业的任务解决以及创意设计等，不仅有利于企业汲取群体的智慧，了解用户的真正想法和需求，生产出更加符合消费者个性化需求、满足大众需要的产品，还可以达到一定的宣传效果。通过公众参与，网络大众与企业之间的距离得以拉近。因此，这群参与用户不仅是参与者、创造者，更是宣传者。

众包平台即中介机构，主要起到连接发包方与接包方的桥梁作用，且与发包方之间签订合作协议，协议的主要内容包括发包方的任务需求、时限要求、工作报酬、管理与服务条款等。众包平台汇集了各企业的发包任务，并为这些任务寻找合适的匹配资源，将其分配给符合需求的接包方。在接包方接受任务之后，出包方可随时通过众包平台查看任务的完成进度、工作内容以及具体的解决方案等信息。在这个过程中，众包平台的收益来源主要有两种方式。其一，是按照交易金额的一定比例抽取得来。例如，某些收费的精品图库网站平台的收益获取方式便是如此。摄影者将自己的作品发布于该网站上并进行定价，需求者对自己需要的摄影作品支付相应的报酬。交易成功后，平台便会按成交金额收取一定比例的费用作为自己的"收入"。其二，是出包方给予一定的任务报酬，并将完成任务的责任全部交付给众包平台，众包平台将任务细分给接包方，并在其完成任务后支付相应的劳务报酬，这两者之差便是众包平台获得的利润。

接包方即完成工作任务、提供解决方案的网络大众，主要包括具有相关专业知识或技能，以及无相关专业知识或技能但有兴趣和能力的个人或团体。每个有相关知识、技能或者兴趣爱好及能力的个人都可以通过众包平台进行账号注册，填写个人的相关资料和信息。通过平台审核后，个体便可以在平台上自行查找相关任务，也可以开启任务推荐，自愿选择是否接受任务。

对于社会大众而言，充当众包模式中的接包方，没有身份和学历的要求，没有入职培训和考察实习期，更没有固定的工作地域和时间的限制，只要有兴趣和能力就可以一试。当任务完成或者自己的解决方案被采用后，还能在取得劳务报酬的同时获得满足感，实现自身的价值。这样，一方面充分、高效地利用了碎片化时间；另一方面也在参与问题解决的过程中，学到了知识，提升了技能。

总体来看，人工智能时代的众包模式呈现出创新性、开放性和无边界性等特征。创新性首先是从形式上来说的，相比于传统运营模式，将企业内部自身难以解决的任务和问题外包给社会大众的做法是一种形式上的创新；其次是内容上的创新，让非特定的网络用户参与到企业某些问题和任务的解决中来，不仅可以帮助企业解决问题，还可以使企业了解用户在需求方面的变化，有助于企业进行产品内容上的创新。这也是众包与外包的一个区别所在，外包的产生源于社会分工，虽然众包从其本质上来看也属于一种外包，但众包的产生源于社会的差异性和多样性，旨在增强企业的创新性，在帮助企业解决技术难题的同时生产更多适销对路的产品。因此，众包基于外包但又超越外包，其本质是一种开放式的大众创新。这种形式与今天倡导的"大众创新，万众创业"在理念上十分一致。

开放性指的是企业将自己的部分业务对外开放，把"自己不擅长的事"通过平台外包给网络大众，从而有更充分的时间和更集中的注意力来提升自身核心竞争力，定做一些有个性、排他性的服务，即企业定制。如果说从企业的角度来看，众包模式体现了开放性，那么从大众用户的角度，众包模式体现的便是一种参与性，即每个有意愿、有能力的网络用户都有机会参与到众包模式下的工作和任务当中。

最后，众包模式打破了企业的边界，将原本属于企业内部人员的工作无限延伸到了全球范围。将企业内部的业务和任务拆分并外包给非特定的网络大众，然后由这些非特定的大众共同为企业完成不同的任务，提供不同的解决方案，其实质就是一种任务的新型分工与协作完成的过程。

总的来说，在互联网、大数据、人工智能时代，企业的生产运营形式以及人们的工作方式将会越来越灵活。基于移动互联网平台，网络大众（尤指那些时间比较自由、灵活的网络用户，如"SOHO"一族）的工作将不再严格地受限于时间和场所，工作形式将更加灵活多样，工作内容也将更加丰富多彩。

二、新型雇佣关系：去中介化和再中介化、用户化和机器化

"互联网+"和"智能+"向传统产业领域的渗透，重组了传统产业的组织运营模式，带来了以共享经济为代表的一系列新的经济形态。在新的经济形态下，企业与劳动者之间的关系变得更加复杂多样，新型的雇佣关系随之产生。

共享经济的本质是通过一定的平台整合线下闲置的物品和劳动力等资源，使其得到充分、有效的利用，以较低的成本提供产品或服务。从劳动者给最终的消费者提供产品和服务的方式来考察，共享经济的发展是一个"去中介化"和"再中介化"的过程。

在传统的经济模式中，劳动者靠出卖自身劳动力依附于一定的商业组织

来获取劳动报酬，并通过劳动的形式为商业组织创造出一定的劳动产品和价值。因为这些提供劳动和服务的劳动者本身缺乏生产资料，所以他们无法脱离商业组织独立为消费者生产产品。在这种模式下，劳动者创造价值、提供产品和服务是依托于生产资料较为齐全的"商业组织"这种中介来实现的。

而在共享经济的模式下，劳动者可以没有从事劳动生产所必需的生产资料的所有权，只需暂时拥有其使用权，便可以自主劳动提供一定的产品和服务。共享经济的出现打破了劳动者对商业组织的依附，这个"去商业组织"的过程即"去中介化"。但为了接触更广泛的用户，了解他们的想法和需求，劳动者不得不加入以互联网、大数据为基础的"共享平台"中来，且闲置资源的共享和转移也要通过这个平台来实现。劳动者脱离商业组织，再加入共享平台的这个过程就是一个"去中介化"和"再中介化"的过程。

此外，在经济全球化的趋势下，各种资金、技术、人才等要素在全球范围内流动，劳动力也因此不再局限于一个固定的地方。各种灵活的劳动力供应方式和就业形式被建立起来，新型雇佣形式下的劳动关系和劳务关系的辨识越来越复杂。

在就业形式上，搭乘着网络平台的"快车"，越来越多的劳动者开始从事一些类似网络主播、视频编辑、在线创作、完成接包任务之类的工作。这些工作主要是通过"平台—个人"或者"企业—平台—个人"的方式连接起来的。而传统的工作主要是"企业—个人"的连接模式。

通过这两种连接方式的对比，可以看出，在当前的就业形式中，劳动者与企业的连接关系不再那么紧密，通过网络平台，劳动者甚至可以完全脱离企业而灵活就业。

灵活就业也是一种"零工经济"，以非全日制、临时性、弹性工作为主要特征，其灵活性主要体现在工作时间、雇佣形式、服务形态以及就业形式等方面。在工作时间上，劳动者可以是非全日制的，工作时间以小时来计算；在雇佣形式上，劳动者可以与企业签订临时合约、短期合作协议等，不一定要成为企业的"雇员",如众包模式下的劳动者(他们虽然收取了企业的劳务报酬,为企业提供了劳动和服务,但在更大程度上是一种商业合作的关系,而不是传统的雇佣关系);在服务形态上,劳动者可以通过企业的劳务派遣、业务外包等提供服务和劳动;在就业形式上,除了企业雇佣,劳动者也可以从事一些自雇劳动,如居家办公族中的自由撰稿者、理财顾问、私人医生等。而且在"大众创业,万众创新"的浪潮下,这类自由灵活就业的劳动者数量会越来越庞大,趋势越来越明显。一方面是在客观原因上,制造业的升级使很多工作的就业门槛和技术要求越来越高,需要的低技能的廉价劳动力越来越少;另一方面是在主观意愿上,越来越多的劳动者更愿意从事一些时间上自由、形式上限制较少的工作。

随着各种灵活就业形式的出现,劳动者与企业之间的劳资关系也越来越复杂。在传统的劳动力市场中,劳动者按照劳动法的规定与企业签订劳动合同,严格受雇于企业,在工作上服从企业的管理与安排,并受到企业的监督,工作时间和地点都相对固定。这便是典型的标准劳动关系。这种劳动关系相对来说比较平衡,劳资双方的权利和保障都受到劳动法的保护。

新的就业模式和雇佣形式打破了传统劳动力市场中这种平衡的劳资关系。在零工经济、灵活就业的情况下,劳动者与企业签署的大多数都不是劳动合同,而是一些五花八门的临时合约和工作协议,因而劳动法并不能很好地维持这种劳资关系的平衡,劳动者的很多权益(如获得报酬、休息休假、享受社会福利和保险的权利等)也都无法受到劳动法的保护。尤其是在一些众包模式中,企业不直接雇用劳动者,而是通过签订临时合约的方式将部分特定工作外包给大众劳动者,这样便将一些成本和风险转嫁给了劳动者本人。通过独立"承包"这些工作,每个劳动者都成了一个微型的"企业家"。

在这些不符合"标准劳动关系"的劳资关系中,劳动者对于用人单位的从属性也在减弱,主要体现在三个方面:首先,随着受教育水平、知识素质、劳动技能的提高,劳动者在经济上对于用人单位的从属性在减弱;其次,劳动者的个体独立性在增强,因而在组织上对于用人单位的从属性在减弱;最后，通过多种多样的就业方式，劳动者不再"卑微"地隶属于用人单位，从人格上来看这种从属性也在减弱。

虽然整体来看，新型的、灵活的就业方式有利于盘活劳动力资源，扩宽劳动者的从业渠道，提高就业率，也有利于减弱劳动者对于受雇单位的从属性，使其拥有更大的自主权和选择权，更加"自由"，但同时也存在一些问题和不足。例如，在复杂的雇佣形式中可同时建立多种劳资关系，使得维权问题更加困难和复杂；劳动者的业务范围模糊，薪酬来源不稳定；就业与失业的界限模糊，不确定、不稳定性的因素在增加；等等。

面对这些问题，为了更好地适应当前的劳动力市场，避免在激励的"逐底竞争"中处于弱势地位，劳动者必须提高自身的可雇佣性，即提高自身适合于当前就业、维持就业以及必要时获取新的就业机会的各种能力、知识、技能和态度等。此外，政府也应该在其中扮演积极的角色，推动劳资关系的制度化和法律化，制定并完善相应的管理与服务办法、劳动法规及政策等，进一步规范工会组建、劳资协商、集体谈判等事项的流程，使其更加科学化、合法化。

除了"去中介化"与"再中介化"带来雇佣形式与劳资关系的变化外，还有另外一个趋势也"崭露头角"，即在人工智能时代，人与人工智能之间的"用户化"和"机器化"。

人们常说："人工智能，先人工，后智能。"这也意味着在人工智能真正实现"智能"之前，会有一个"人工"的过程。人工智能的应用本来是为了从更大程度上去解放人，但在大部分人尚未解放出来之前，需要另一部分人投入为人工智能而"工作"的行业当中。以数据标注行业为例，在这个行业中工作的人每天像机器一样重复地做着同样的事情，即标注。他们所要做的就是简单地移动一下鼠标，然后框选素材图片或视频中的某个单独物品或部件进行标注，备注它们的"名字"，如椅子、桌子、花、树、人脸以及嘴巴、鼻子、眼睛等。到这里，你可能会想，做这些标注有什么意义呢？

实际上，通过人工标注这些物品的名字，将它们集成数据，就会在计算机中展现出无数把"椅子"、无数张"桌子"、无数棵"树"以及无数张"人脸"……的形态。在庞大的有标注的数据库中，人工智能通过深度学习以及算法加工来细分、识别这些物品，最终达到一个高识别率、高精准度的"智能"状态。这为之后诸如无人驾驶汽车等人工智能产品的使用打下了基础。无人驾驶汽车在自动驾驶的过程中，对人、树以及其他物品识别结果的正确率，在很大程度上取决于当前这群人所做的工作。

无人驾驶汽车目前还不常见，就拿常见的美颜相机"一键瘦脸"以及各种动态的猫咪胡须、头像贴纸功能来说，实际上也是人工智能在发挥作用，但其发挥作用的前提是能够有效无误地识别出眉毛、眼睛、鼻子、嘴巴等各部位。因此，这群人目前所做的工作是十分有价值和意义的，被称为"人工智能背后的人工"。

在这样的数据标注行业和数据工厂中，人所做的工作是为人工智能服务，工作后的产品（被标注的物品）也是为人工智能所用，也就是说，人们劳动得来的产品的"用户"是人工智能，即人工智能"用户化"。同时，在这个过程中，人也在"机器化"——同机器一样每天重复做着同样的事情。这是人工智能时代新型的工作形式和内容。

三、同类的错觉：人工智能是可被信任的吗

人工智能自诞生以来，就备受关注。目前，人工智能已渗透到生产和生活的方方面面。人们日常用到的搜索引擎、地图导航、语音助手等无一不存在人工智能的影子。

面对这项迅速崛起、快速普及的新技术，不同的人持有不同的态度。一部分人认为，人工智能将是生产的助力器和生活的添加剂。在生产领域，人工智能的助力会使传统企业焕发新的生机与活力；在生活领域，人工智能的

应用会使我们的生活更加高效与便捷，无人驾驶汽车、智能机器人等在未来会使我们的生活变得越来越好。另一部分人则认为，人工智能在将来可能会超过人类智能，取代人类的工作，给人类带来一个恐怖的未来。面对这些对人工智能的诸多质疑，人们会产生这样的问题：人工智能是可被信任的吗？可以在何种程度上信任它？

多年以前，人们就在各种科幻影片中畅想了人工智能的作用。智能机器人、智能厨师、自动驾驶汽车、智能家居……都是人们所畅想的未来美好生活的一部分。到现在，智能家居、无人驾驶汽车、教育机器人、医疗机器人等已"崭露头角"，逐渐成为现实。毫无疑问，作为一种高端技术，人工智能的助力将会给我们的生产生活带来很大的便利。

与此同时，随着"深蓝"战胜国际象棋大师卡斯帕罗夫（Kasparov）、谷歌人工智能系统阿尔法狗（AlphaGo）打败世界顶尖围棋高手李世石、计算机算法答题速度及正确率超过人类算法、机器人索菲亚（Sophia）说出"我将会毁灭人类"这种令人大跌眼镜同时后脊背发凉的话，人类不得不重新理智、清醒起来，开始怀疑和担忧：在未来的某一天，人工智能会不会真的强大到打败人类、控制人类世界的程度？

其实，美国波莫纳学院（Pomona College）著名经济学教授加里·史密斯（Gary Smith）在他的著作《AI错觉》（*The AI Delusion*）中指出，人类在智能时代可能会产生一种新的"错觉"。这种"错觉"正是因为人工智能在某些特定的领域、特定的方面所表现出来的能力超过人类，由此带来了一种人工智能将超越并取代人类的错觉。但是，人类忽视了目前仍处于弱人工智能阶段的人工智能在本质上仍然无法像人一样思考和推理的事实。

面对"人工智能将要控制人类""未来人工智能将会成为世界的独裁者"等诸多大胆的猜测和预言，人工智能专家表示，在短期内，这些预言还只是存在于科幻电影中，很难变为现实。但不得不承认，人工智能确实已经在很多领域对人类社会产生了深远的影响。

目前，在生产领域，产业的发展、企业的生产以及劳动工人的工作在很大程度上都已经离不开人工智能了。例如，无人机能够智能精准定位，识别农作物并喷洒农药；人工智能与农业相结合，产生了具备数字档案生成、生命周期管理、智能农事分析等功能的"农业大脑"，使农业生产更加精细化与高效化。再如，已经出现了专门的数据标注企业，劳动者专门为人工智能打工。众多事实说明，人工智能与人类智能的差距在不断缩小。

在生活领域，智慧政府、智慧交通等使城市的管理更加高效、便捷；智能医疗使得医患矛盾减少，手术更加精准、成功率更高；智能家居使人们的生活更加美好、舒适……即便是这样，人类仍然会对人工智能产生一些悲观情绪。

这些悲观情绪一方面来自人们主观上的不相信，他们害怕有一天人工智能足够"聪明"而反超人类。这确实是很多人都会担忧的问题。足够"聪明"意味着人工智能可能会在没有人类指导的情况下教会自己很多东西，自主进行决策，如发射导弹等，这是一件很危险的事情。真正到了那个时候，无论我们身处何种行业，都会受到人工智能的严重影响，甚至我们赖以生存的"工作"都会被人工智能"抢"去，从而使我们沦为一群"无用之人"。

另一方面来自客观事实。近几年，各种关于人工智能不当行为的新闻频频曝出。人工智能面部识别程序将非裔美国人标记为大猩猩；南威尔士警察部队利用人脸识别技术抓错"逃犯"；优步的自动驾驶汽车在美国亚利桑那州撞死一名行人；等等。所以情理之下，我们经常会听到一些批评自动驾驶汽车不安全、算法推荐限制人的自由选择、大数据"杀熟"、人工智能深度瓦解人的思考能力等言论。

随着人工智能技术在生产、生活各个领域的应用，其带来的一些问题也开始浮出水面，如"信息茧房""大数据悖论""算法合谋"等。因此，面对人工智能，我们是"矛盾"的：希望它更聪明，但同时又害怕它变聪明。

不可否认，人工智能在发展的同时也带来了一些问题。但整体来看，作为一种新技术或者新工具，人工智能对人类来说是利大于弊的。而且每一次创新都会带来风险，任何事物都有双面性，因此，对人工智能的担忧和惧怕不应该成为阻止我们通过新技术迈向更加美好的未来的障碍。我们需要做的是确保人工智能给人类带来的好处远远超过那些潜在的危险，并采取一定的措施防范这些风险，逐渐建立起对人工智能的信任和信心。

那么，应该如何建立对人工智能的信任呢？

首先，对于人工智能来说，要想赢得人类的信任，必须增强其决策和行为背后的"可解释性"。可解释性意味着人能够理解人工智能系统作出决定的路径，即人工智能是如何作出决定的。例如，深度学习、算法分析等人工智能系统进行学习和分析的前提是要有人工的"输入"，因为它们不可能自己想象或者创造出一些东西，然后再对人工输入的内容进行深度学习和分析，最后在没有任何可解释的场景下"输出"，即作出人工智能自己的决定。其实，这是一个很神秘的过程，就像是被放进了"黑盒子"里的东西一样，虽然我们知道放进去（输入）以及拿出来（输出）的东西是什么，但不知道在这个黑盒子里究竟发生了什么，也就是说，我们很难知道人工智能进行深度学习及分析的过程是怎样的，以及它们是如何作出决策和得到结果的。

随着人们在日常生活中越来越依赖人工智能，我们需要去理解它的"思维"过程。简单来说，人工智能的作用就是帮助人们作出水平更高、更加合理的决策。当用户根据人工智能输出的结果采取行动时，人工智能就实现了其提供解决方案的价值。但是，为了让用户改变自己的行为转而相信人工智能系统的建议，就必须让用户理解人工智能是如何作出这种决策、得出这种结果的，即人工智能提出这种建议的原因是什么。只有基于这种"可解释性"——操作透明，用户才能理解并信任人工智能作出的决定，从而建立起对人工智能的信任基础。

其次，需要制定相应的规则和制度来规范人工智能的发展。人类自进化开始便懂得约定、遵循一定的规范，进入人类社会之后，又制定了一些规范的法律制度，创造了今天的文明。同样，人工智能时代也需要一些规则和制度来规范这个"人与人工智能共存"或者说"人机共存"的世界。美国科幻小说家、知名作家艾萨克·阿西莫夫（Isaac Asimov）曾提出"机器人三定律"，即不得伤害人类定律、服从人的命令定律、自我保存的定律❶，以此来规范人与机器人之间的相处模式。但这些定律已经不能完全适应当今人工智能技术的发展了，必须制定更加严谨、具体的伦理规则来规范这个"人机共存"的世界。

2018年，在世界人工智能大会上，腾讯公司董事会主席兼首席执行官马化腾从伦理的视角提出了人工智能"可知""可控""可用""可靠"的"四可"理念，其目的也是规范人工智能在深入发展的过程中与人类之间的关系，即为人工智能建立新的伦理框架。

实际上，人类对信息技术伦理的研究经历了三个阶段。第一个阶段是以计算机为中心的技术伦理的研究，主要是规范计算机的使用，防止欺骗、犯罪等。第二个阶段是以互联网为中心的技术伦理的研究，主要是规范互联网信息的创建、保护与传播，防止互联网信息的滥用等，这些规范很多在今天仍然适用。第三个阶段是现在正在进入的以数据和算法为中心的技术伦理的研究。在这个以物联网、大数据、云计算、人工智能等技术为标志的时代，数据和算法成了智能的核心，需要构建有关人工智能技术开发和利用的伦理规范与法律框架来引导这些技术的发展。

目前，已经有一些政府部门和企业协会开始尝试建立这样的伦理规范与法律框架了，如2017年1月初，在"向善的人工智能"（Beneficial AI）会议上建立起来的"阿西洛马人工智能原则"（Asilomar AI Principles）以及同年美国电气和电子工程师协会（IEEE）宣布的三项新的人工智能伦理准则。再如，2019

---

❶ "机器人三定律"是科幻作家艾萨克·阿西莫夫在其著作《我，机器人》（*I, Robot*）中提出的著名观点。第一定律：机器人不得伤害人，也不得见人被伤害而袖手旁观；第二定律：机器人应服从人的一切命令，但不违反第一定律；第三定律：机器人应保护自身的安全，但不得违反第一、第二定律。这些原则反映的是人与机器人相处时的关系和应遵守的伦理规则。未来的社会，应当是人类与机器人和谐相处的社会，人类在享受机器人带给的便捷的同时，不应当忘记机器人是社会中必不可少的一部分，即人机命运共存。

年 1 月，新加坡推出首个《人工智能监管模式框架》；2019 年 2 月，时任美国总统特朗普签署《美国人工智能倡议》，提出要设置人工智能管理标准等。

最后，人是确保技术安全的关键因素之一，应该对人工智能技术的掌握、操作和使用者进行一定的规范和制约。对从事人工智能产业的相关工作人员进行职业道德培训，使其在对人工智能进行开发和利用的过程中遵循一定的法律规范和道德标准，让他们尽其所能地使技术朝着"向善"的方向引导。

总而言之，人工智能本身无所谓好坏，即使其在发展过程中会给人类带来一些潜在的风险，但总体而言还是利大于弊。因此，我们要从各方面付出努力，信任并利用好这项技术，降低其风险，以实现人类利益的最大化。

四、人工智能重塑知识经济：持续协助和颠覆挑战

从历史发展的动态过程来看，人类社会经济形态的变化是一定时期的科学技术的进步和社会生产力的发展在经济领域的投射。互联网的广泛应用，使知识经济成为继农业经济和工业经济之后的主要经济形态，并且将会是当前以及未来很长一段时间内的主要经济形式。与此同时，在物联网、大数据、云计算、人工智能等新兴技术的助力下，当前的经济形态以及该形态下的产业发展将持续升级与转型。

1983 年，美国经济学家保罗·罗默（Paul Michael Romer）在其一篇论文中提出了"新经济增长理论"，将"知识"作为生产的要素之一，并指出知识能以较低的成本复制，且知识的投入不是遵循效益递减规律，而是递增规律。这标志着知识经济理论的形成。但作为生产领域中的一种实际形态，知识经济的形成是以美国一些典型的软件产业的出现为标志的，其中，以比尔·盖茨（Bill Gates）创办的微软公司为代表。

靠软件起家的比尔·盖茨一直致力于电子计算机事业，被称为"电脑奇

才"，他创办的微软公司从一家无名小公司逐渐发展成知名软件企业。正如土地对于农业经济的重要性以及石油对于工业经济的重要性一样，知识对于知识经济的重要性是不言而喻的。以微软公司为代表的软件产业所生产的产品的价值便体现在软盘中所包含的知识上，这些知识是开启财富之门的钥匙。

据相关数据统计，美国微软公司在产业高峰期所创造的经济价值曾大于美国三大汽车公司所创造的经济价值的总和，且多年来一直是美国经济增长的主要来源。可见，知识作为一项重要的生产要素参与生产，在知识经济中所起的作用是不可小觑且无法替代的。但是，近年来，随着以人工智能技术为核心驱动力的智能经济的兴起，人工智能在生产领域表现出强大的"生产力"，人们不得已发出"智能产业的发展还需要人类知识吗"这样的疑问。

在回答这个问题之前，首先需要厘清知识与生产之间的关系，更进一步地说，是与生产力结构之间的关系。人类社会不同时代的划分最主要的一个依据便是科学技术的发展带来的社会生产和生活方式的更迭，而社会生产和生活方式更迭的基础就在于社会生产力的变革。

社会生产力是指人类利用工具改造自然、创造社会财富的能力。在远古时期，人类利用木头这类"工具"钻木取火，是受到其在狩猎的过程中看见打击野兽的石头与山石相撞击而产生火花的启发，基于"同理"的知识认知，将石头"摩擦生火"的知识迁移到木头上，以此想到可以钻木取火。人类在"知识"的基础上打造"工具"、驾驭"工具"，便形成了社会财富的生产能力。"知识"与"工具"成为推动人类社会发展的两大基本要素。"人+工具"是最基本的生产力结构，知识蕴含于其中。❶

可见，人在利用"工具"创造社会财富的过程中离不开"知识"这一要素，正所谓"知识就是力量"。由此，便可以回答"智能产业的发展是否还需要人类知识"的问题了。毫无疑问，答案是肯定的。智能产业的发展依靠物联网、大数据、

---

❶ 何立民. 人工智能时代是什么时代? [J]. 单片机与嵌入式系统应用，2020, 20 (4)：87-89.

云计算等人工智能技术，而人工智能技术就其本质来说仍然是一种"工具"，它在生产过程中的应用离不开人类知识的指引。从某种意义上来说，智能经济也是一种知识经济。知识经济主要是以知识为基础，以脑力劳动为主体，因此无论是智能经济新形态还是智能产业新业态，都离不开知识要素。

人工智能不但离不开人类知识，而且会与知识一同作为生产"工具"被应用到生产之中，推动知识经济的发展，进一步解放和发展生产力。

就目前由大数据驱动的弱人工智能发展阶段来看，数据已经成为新的生产要素参与生产。《中共中央关于坚持和完善中国特色社会主义制度　推进国家治理体系和治理能力现代化若干重大问题的决定》提出，"健全劳动、资本、土地、知识、技术、管理、数据等生产要素由市场评价贡献、按贡献决定报酬的机制"❶，首次将数据列为与劳动、资本、土地、知识、技术、管理并列的生产要素。从本质上来看，数据作为要素参与生产是人工智能这项技术在生产领域的应用和落地。作为一种新兴应用技术，人工智能的发展势必会对产业与就业产生重大影响。

从就业层面来看，关于技术的进步对就业市场影响的研究由来已久。早在第二次工业革命时期，很多专家及学者就预见到技术的进步对劳动力的替换现象，由此导致的失业被称为"技术性失业"（Technological Unemployment）。这种带有悲观色彩的"技术进步引起失业"的观点认为，就像 19 世纪的机器取代牲畜造成马力过剩一样，技术的进步同样会取代很多低技能的人类劳动，从而造成劳动力需求的减少和失业人数的增加。事实上，从工业革命的发展历程和结果来看，这种技术的进步带来的"技术性失业"现象确实存在，但并未引起大面积、广范围的失业。究其原因，就是技术进步对就业市场产生的两种效应之间达到了相互平衡。

一方面，技术进步会对劳动力就业市场产生一种破坏效应。这种破坏效

---

❶　中共中央关于坚持和完善中国特色社会主义制度　推进国家治理体系和治理能力现代化若干重大问题的决定 [EB/OL]．[2019-11-05]．http://www.gov.cn/zhengce/2019-11-05/content_5449023.htm.

应的主要体现便是工人失业，即由技术对劳动力的"排挤"引起的技术性失业。另一方面，技术的进步也会对劳动力就业市场产生一种补偿效应。工人最初因技术进步而造成的失业终将以其他形式得到补偿。在就业岗位方面，新技术的出现在淘汰一些工人、使一些岗位消失的同时，也会创造出新的就业岗位。例如，机器的大量出现会使市场对技术工人、机器维修工等的需求增加；打字机、计算机等工作设备的出现会导致对高教育水平的工作者和管理者的需求增加。在社会财富上，技术的进步带来了社会生产率的提高，使人们能以更高效的方式创造社会财富，为社会及个人带来了质优价廉的物质产品。因此，从社会历史经验中可以看出，技术的正向"补偿效应"总体来说超过了负向"破坏效应"。

作为科技进步的必然结果，人工智能技术在社会生产领域的普及应用将对知识经济进行重塑，进而推动产业的转型升级和就业的变化。

人工智能助力社会生产，重塑经济形态的方式主要体现在以下三个方面。首先，人工智能催生了一系列新产品和新产业。新产品包括智能芯片、智能可穿戴产品、智能医疗设备以及机器翻译等；新产业数据标注行业等。从表面的应用上来看，我们或许只看到了人工智能是"智能"的，却忽视了"智能"背后的东西。事实上，人工智能是在被"投喂"大量的数据、进行深度学习和分析的基础上才变得智能的。与人类智能不同的是，假如你指着一只猫告诉一个孩子这是"猫"，那么当这个孩子在以后的生活场景中再遇到猫时，无论是大猫、小猫还是黑猫、白猫，其都很可能通过自己的聪明才智辨识出这是一只猫。但同样的情况放到人工智能当中，便很难达到这种"立竿见影"的效果。人工智能需要经历反复训练和多次学习才有能力判断出"无论黑猫、白猫都是猫"。基于此背景，近年来出现了专为人工智能而生的数据标注行业。该行业主要是针对人工智能难以辨识的物体，为机器学习和算法模型的训练提供海量数据。

其次，人工智能推动了传统产业的转型升级。以传统电子信息和家居产业为例，在加入大数据、云计算、物联网等技术之后，传统的电子产品和家居产品焕发出新的容颜，变得智能化起来。智能传感器通过红外探测和图像识别等技术，使开关灯、开关门更加安全、便捷；智能音箱不仅仅可以用来听歌，还可以用来识别主人的语音指令，对智能家居进行控制以及点外卖等；智能门锁、智能预警报警系统使家庭安全更加有保障……

最后，人工智能的落地孕育了更高阶段的知识经济。在物联网搭建平台、大数据传输共享信息、云计算整合分析数据的基础上，私人医生、家庭教师、专属理财师和营养师等登上了就业舞台，使理论知识丰富、高水平、专业化的医生、教师和专业技术人员的知识得以在更大的范围内流动和共享，由此在放大知识经济价值的同时也带来了一定的社会价值。

人工智能在推动产业转型的同时，势必也会造成相应的工作的变化。在未来，人工智能技术将会颠覆谁？又将成就谁？从目前的行业发展状况和就业情况来看，一方面，人工智能替代了大部分变化少、可按事先的计划和规定开展的程序化工作；另一方面，人工智能也在逐渐替代一部分相对复杂的非程序化工作，如音乐艺术创作，诗歌、散文等文学创作以及看护理疗等。2016 年谷歌公司发布的第一首由人工智能创作的时长为 90 秒的钢琴音乐作品、2017 年微软公司"小冰"出版诗集《阳光失了玻璃窗》等案例，都体现出人工智能可以替代一些非程序化的工作。因此，未来的人工智能不仅将对以体力劳动为主的蓝领工作者的工作进行颠覆，也会颠覆一部分以脑力劳动为主的白领工作者的工作。

另外，在这些程序化以及非程序化的工作被颠覆和替代的情况下，新的工作将朝着高度智慧化的方向转移。人工智能将成就智能产业、智慧医疗、智能教育等领域的一些高知识、高技能、高水平人才。

在目前以及不远的将来，人工智能技术的助力将持续推动产业的转型，就业岗位也会因此而发生巨大的变化。在人工智能带来的挑战和机遇面前，你准备好了吗？

CHAPTER

第三章　　只能与至能：
　　　　　人工智能重塑社会产业规则

在移动互联网、大数据、超级计算、云计算、区块链等新理论、新技术的驱动下，人工智能正在对经济发展、社会进步产生重大而深远的影响。它将解构部分经济社会产业，重构部分经济活动环节，催生新技术、新产业和新业态，重塑社会产业规则。

技术乐观主义：人工智能的溢出效应和头雁效应
终极算法：超越达尔文的机器进化论
工具和对象的跨界：未来的劳动关系和组织管理
雇佣和分配的革新：未来的产业链和价值链

人工智能浪潮将开创智能化的新纪元，给传统产业带来颠覆性变革。面对变革，我们不是旁观者，而是积极的参与者、热烈的拥抱者，是时代的奔跑者、开拓者。如果不想成为手机浪潮中被淘汰的"大哥大""小灵通"，那些目前依然具有行业主导力的企业，千万不要高估自己的抗风险能力，也不要低估人工智能企业的生命力，因为人工智能将对劳动关系、价值链、产业链等产生重大影响。

一、技术乐观主义：人工智能的溢出效应和头雁效应

在讨论人工智能的效应之前，首先介绍一下技术乐观主义。技术乐观主义的历史源远流长。远在古希腊时代，亚里士多德就已经相信技术会使人类生活变得更美好。16 世纪，英国哲学家弗朗西斯·培根（Francis Bacon）提出了"知识就是力量"的著名口号。

然而，作为一种社会思潮，技术乐观主义直到 19 世纪才最终形成。产业革命的爆发进一步彰显了科学技术在社会经济发展中的重要作用，科学技术成为推动经济发展和社会进步的"大杠杆"。因而，技术乐观主义者相信，技术可以解决大多数社会问题，科技可以治国。

19 世纪以来，一些哲学家、社会学家进一步展现出对科学技术的乐观主义思想。1877 年，德国哲学家卡普（E. Kapp）出版了《技术哲学纲要》一书，认为技术是人类自我拯救的手段，是人类器官和骨骼向大自然的延伸、外化及投影。

时至今日，很多人相信技术"向善"，坚持技术乐观主义。当然，任何技术都是"双刃剑"，都有利有弊。正因为这样，也就有了人们对技术的乐观或悲观的态度。应该说，技术无"善恶"，关键在于人。

对于人工智能技术而言，更是如此。人工智能的"乐观性"在于我们常说的"溢出效应"和"头雁效应"。

所谓溢出效应（Spillover Effect），是指一个组织在进行某项活动时，不仅会产生活动所预期的效果，还会对组织之外的人或社会产生影响。溢出效应分为知识溢出效应、技术溢出效应和经济溢出效应等。

从人工智能的角度来看，我们主要探讨的是技术溢出效应。在经济学中，

技术溢出效应本来是指跨国公司在东道国实施对外直接投资（Foreign Direct Investment，FDI），引起当地技术或生产力的进步，而跨国公司无法获取其中全部收益的一种经济外部效应。例如，一家跨国公司发明了一项新技术，该技术随后被其他同行企业学习，竞争企业通过收集、整理关于该跨国公司新技术的基础知识，融合自身研发结果，生产或提供体现这种技术的产品或服务。那么，这些产品或服务所产生的利益将是外在的，由于是实现或产生利益的企业与产生技术的企业展开竞争，即技术产生了溢出效应。

作为引领新一轮科技革命和产业变革的战略性技术，人工智能带来了多领域的应用扩展，包括智能交往、医疗诊断、虚拟助理、无人驾驶等，与目前我国产业结构调整等宏观规划高度契合。据业内估计，人工智能将带来未来十年左右的颠覆性影响，产生高达 100 倍的技术溢出效应。

人工智能已得到我国政府和产业界的高度重视。2017 年，国务院印发了《新一代人工智能发展规划》，制定了到 2030 年人工智能"三步走"的战略目标。2018 年，首届世界人工智能大会（以下简称"大会"）在上海举办，吸引了来自 40 余个国家或地区的 4 万余名嘉宾、17 万人次参加。自首届世界人工智能大会召开以来，成果已开始显现。从集结到冲锋，上海承接大会的溢出效应显著，特别是 2018 年大会主办地徐汇，正崛起成为人工智能新地标。

首届大会闭幕后，主办地上海加快了上海西岸国际人工智能中心（AI Tower）、北杨人工智能小镇（AI Town）"双 T"载体建设，成为上海人工智能产业地图"人型"布局的交汇点。有了政策的支持和主动的引导，不少人工智能企业在上海徐汇吹响了"集结号"。以微软、安谋 ARM 等为代表的国际领军企业，以阿里、华为、腾讯等为代表的国内龙头企业，纷纷在上海集结。上海试图以"最优生态"吸引"最强大脑"：超过 1/5 的住房补贴给到了人工智能重点企业；率先建设 5G 信号试验网，为智慧交通提供基础设施支撑；推动与上海科技资源数据中心的对接共享，集聚大数据资源；依托人工智能发展联盟、全球高校人工智能学术联盟等，构建基础平台……未来上海徐汇将依托区域的产业、创新优势，抢抓人工智能发展机遇，从政策、要素、环境等多个维度发展人工智能产业，与众多企业一起，全面打造人工智能产业发展的生态圈。

人工智能不仅具有溢出效应，还具有头雁效应。头雁效应指的是雁群中领头飞的大雁能够划破长空，克服一切困难和阻力，飞行在雁群前面，发挥引领作用，其他大雁则形成合力，大家目标一致地以最优化的飞行方式飞向目的地。群雁齐飞，最重要的是领头之雁，因为头雁是"头"、标尺、榜样。头雁奋力搏击，群雁就能"春风一夜到衡阳"；头雁精神萎靡，只会"万里寒云雁阵迟"。

《韩非子》中有一个故事："邹君好服长缨，左右皆服长缨，缨甚贵。邹君患之，问左右。左右曰：'君好服，百姓亦多服，是以贵。'君因先自断其缨而出，国中皆不服长缨。"邹君就如同头雁，其喜好直接影响着百姓的偏好。正所谓"上有好者，下必有甚焉者矣"❶。"善禁者，先禁其身而后人。"❷"头雁效应"启示我们，"关键少数"作为新时代的"头雁"，必须充分认识到自身的关键作用。

我们以邹君为例，来说明人的"头雁"效应，重点强调一种精神的引领。在技术领域，人工智能就是这种"关键技术"，具有这样的"头雁"效应，即引领作用。2018年10月31日，习近平总书记在中共中央政治局第九次集体学习时强调："人工智能是引领这一轮科技革命和产业变革的战略性技术，具有溢出带动性很强的'头雁'效应。"❸那么，如何理解人工智能的"头雁"效应呢？

第一，"理解"方面的领头雁。历史上，文字的录入、处理等环节都需要人的深度介入，需要耗费大量的人力、财力。因此，许多信息系统、自动化系统等的出现，大大提升了文字处理的速度和质量。但是，传统计算方式只

---

❶ 《孟子·滕文公》。

❷ 《申鉴·政体》。

❸ 习近平主持中共中央政治局第九次集体学习并讲话［EB/OL］.［2018-10-31］. http://www.gov.cn/xinwen/2018-10/31/content_5336251.htm.

是通过预定的编码程序运行，系统缺乏"理解力"，一旦遇到未定义的处理操作，或者需要结合文章情感、场域等情况才能进行判断，系统就会显得无能为力，最终还是要回归人工处理。然而，人工智能的出现将会破解这一难题，人工智能将赋予机器以"理解力"，读懂作者的"弦外之音"，自动判断情感倾向。

目前，基于机器学习的语义理解技术已经进入实用阶段。2012 年，我国的今日头条客户端创立，基于语义理解的精准信息匹配技术在互联网内容领域异军突起，今日头条的母公司"字节跳动"运用该技术进一步推出了抖音、火山小视频、西瓜视频等短视频领域的爆款产品，深受广大网友喜爱。2016 年，美国的谷歌发布了"Google 神经网络机器翻译系统"（GNMT），这个系统大大提升了多语言之间的翻译能力，中英互译的正确率达到 80% 以上。2018 年 10 月，谷歌人工智能团队发布来自变换器的双向编码器表征量（Bidirectional Encoder Representation from Transforms，BERT）模型，该模型在机器阅读理解顶级水平测试 SQuAD1.1 中，在衡量指标上全面"完胜"人类。业内人士认为，BERT 模型表明，在自然语言处理领域，机器理解人类语言的能力取得重大突破，向前迈进了一大步。

随着更多有理解能力的机器投入使用，大规模地进行信息处理、研判和决策等工作，这种情况对于媒体、教育、金融、专业服务等信息密集型行业来说，既有"时势造英雄"的机遇，也有生存发展压力的挑战。德勤、普华永道、安永、毕马威等会计师事务所已用自动化软件机器人操作财务软件，完成单据录入、表格填写、发票打印等工作。同时，金融行业也积极适应时代潮流，在风险防控、信用评估、投资顾问等方面，运用语义理解等人工智能技术。

人工智能进行信息处理的能力和速度大大超过人类，如何应对这一挑战、如何驾驭这头"烈马"考验着每一家企业。虽然目前人工智能"理解"能力尚未形成主流，但是人工智能的影响已经在路上。

第二，"感知"方面的领头雁。在人工智能出现之前，所有的物品显得缺乏"人性"，没有"温度"。例如，汽车、房子、家用电器等物品只能作为被动使用者，没有"主动"与人交流的能力。人工智能则赋予了物品以"灵性"，带给人类视觉、听觉、触觉，甚至味觉感受。近些年，智能屏幕成了人们喜欢的商品，当你说"我要听《我和我的祖国》歌曲"时，它就能"听懂"指令，并回答"好的，马上为您播放"，然后自动播放所点的歌曲。这种智能屏幕主要依赖两种技术：一个是智能芯片，通过与视觉、听觉、方位、环境等各类传感器结合，终端智能芯片使硬件产品具备初步的感知能力，看得见、听得懂，能够定位自己身在何处；另一个是认知云，能够综合终端智能芯片传递的信息，形成认知，并予以恰当的反馈。智能产品具备理解、交互和反馈的能力。

在芯片端，杭州国芯科技股份有限公司、珠海全志科技股份有限公司等企业研发出具有集成语音感知能力的芯片，大幅度地降低了智能产品的开发难度。在云端，百度的 DuerOS 为企业及开发者提供了一整套对话式人工智能解决方案，包括软硬件一体化的智能设备解决方案和技能开发部署方案，赋予机器与人对话的能力。

随着感知芯片、认知云能力的提升和成本的降低，相关产品正成为企业创业的热点。例如，与幼儿园小孩子互动的玩伴机器人、餐饮和宾馆的客服机器人、物联网的人车交互系统……未来将不再有"智能产品"的概念，因为所有产品都是智能的。未来的扫地机器人能够自动判断地面的脏污程度，自动启动清扫程序；空调能感知环境的干湿冷暖，自动启动相应模式，并根据人的体温自动调整各种指标……智能产品的创新之路已经启程，人工智能的感知能力正在重新定义人与物之间的关系。

第三，自主行动方面的领头雁。相比于理解、感知能力，自主行动能力需要在极短时间内完成多种感知信息处理、综合决策、执行任务等任务，完成与环境的交互。从这个程度上来讲，自主行动是人工智能赋予机器人的决策及执行能力。

目前，许多创新企业正在快马加鞭地研发具有自主行动能力的机器设备。例如，设计具有视觉感知能力的工业机器人，从而更加自主地完成产品的分类、打包、搬运、组装等工序；设计具有压力感知能力的机器人，从而更加精细地进行加工操作，或更加协调地进行人机协同；设计出更具平衡感的机器人，从而促进儿童玩伴机器人的安全性。

可以设想，当自主行动智能成为社会主流技术时，将给我们的生活、生产带来怎样的影响。这一切巨大的改变正在进行，人工智能技术的"头雁"效应正在显现。

二、终极算法：超越达尔文的机器进化论

终极算法需要足够多的数据和超强的计算能力。人的能力的提升是通过不断学习、不断获取外部的数据和资源来实现的。人工智能也是如此，例如，阿尔法狗是通过从网络上搜集3000万例棋谱，并且每天"自我对决"下棋上百万次，来形成其核心数据的；再如，科大讯飞通过反复、不间断地模拟翻译网络语音，可以识别多达16种方言。

人工智能还需要超强的计算能力。卓越亚马逊、京东等购物网站利用算法为用户推荐商品，大众点评、口碑、美团等网站用算法帮用户选择餐馆，百度地图、高德地图等平台利用算法为用户选择最佳路线，公司利用算法选择求职者……

随着机器学习越来越完善，将会发生什么？不同于传统算法，"能够学习的机器"已经在悄悄地主导我们的生活。它们通过分析、学习零碎的数据，成为我们"肚子里的蛔虫"，它们知道并能完成我们想做的事。

2017年8月，四川九寨沟县发生7.0级地震。地震发生后仅25秒，全国各地就收到了一篇500多字的图文信息。这条由"地震信息播报机器人"自

动编发的稿件，内容包括速报参数、震中地形、热力人口、周边村镇、周边县区、历史地震、震中简介、震中天气等十几项内容。这是人工智能技术应用的一个简单例子。

人工智能在信息推送上发挥了重要作用——让人们及时了解地震相关信息，避免谣言的恶意传播。然而，地震造成了重大人员伤亡和财产损失，人们或许会设想，如果灾区的人们能提前得到地震预警，如果有一批技能高超的地震救援机器人迅速参与救援，伤亡和损失或许可以大大降低。人们对人工智能作用的期待，绝不仅仅局限于新闻稿的撰写，它有更广阔的应用空间。治愈癌症、延缓衰老甚至获得"永生"，这些现在看起来不可能的事情，或许会在将来被人工智能技术实现。我们会越来越多地通过与虚拟伙伴对话，来帮助自己保持乐观的心态以及解决各种问题。这将使我们重新认识人与计算机、手机、机器人等物理世界的关系，人工智能可能让它们成为人类生命中的"挚友"。

从以上的场景可以看出，在一定程度上，科技将"超越"达尔文的进化论，未来人类将不会"遵循"进化论，科技会将我们向机器人转变。人类科技在不断地发展，那么对于人类本身来说，未来也会发生很大变化。

法国哲学家朱利安·奥夫鲁瓦·德·拉美特利（Julien Offroy De La Mettrie）在 18 世纪提出了"人是机器"的思想。时间的指针拨到现在，一些业内人士认为，在人工智能技术下，人终将变成"机器人"。假设人类在到达这一步之前没有自我毁灭，或者没有一场自然灾害让我们消失，人类最终将成为机器。

目前，一些人身体的一部分正在被机器所替换。假肢、眼镜、心脏支架、助听器等，已经附在或进入我们的身体。但这些都不能使我们变成一个机器、一个机器人。人类能够与人工智能机器竞争的唯一方式就是思维。通过人工智能，把一个人的思想下载到计算机里，发现一个人的思维方式，找到这个人所需要的东西。

在人类成为"变形金刚"之前，还有很长的路要走，但这将比大多数人预期的更早发生。照此速度，直接的大脑植入、精神性控制也会实现。人际交流和社会结构将会是机械的，而非生物的。

在人工智能领域，还有很多工作要做。例如，发现人的大脑是如何工作的，然后再造它。不久之后，人工大脑将会通过图灵测试，装备人工大脑的机器在谈话中能够成功地欺骗人，人工大脑在各个层面上都将超过人类的大脑。

三、工具和对象的跨界：未来的劳动关系和组织管理

科技是第一生产力，科技进步推动着经济发展和社会进步，改善人类生活。近年来，人工智能、大数据、区块链等新兴科技正悄悄地改变着人类的生产和生活。智能科技的出现不但为用工模式带来了变革，也对劳动关系产生了重大影响。

在制造行业，有很多企业已经引入工业机器人，解放了大量流水线工人，大大提高了工作效率，降低了生产成本。在零售领域，无人超市正悄悄上线，满足附近居民的购物需求，传统的服务员、收银员等将面临"下岗"；无人驾驶汽车正在快速发展，驾驶教练、驾校也将面临何去何从的问题。人工智能所具有的信息动态匹配且自动公开的能力，使得传统的靠提供与匹配信息而生存的中介机构，包括提供高端猎头服务的人力资源机构，都将面临前所未有的转型挑战。

人工智能的广泛应用，将会导致大量劳动者失业，产生次生的劳动争议。如何正确处理人工智能与劳动者的关系，是当下需要思考的问题。

当然，矛盾的主要方面依然是人工智能带来的便利性，其带来的失业等问题是次要方面。历史上的无数次技术进步发生后，就业岗位并没有减少，

反而创造了更多的就业岗位。人工智能也是如此，它能有效地提高企业的管理能力，激发员工的积极性与创造性，使组织和员工形成共赢关系。

技术因人而有意义，人工智能是服务于人的一种技术，在一些特定的方面比人类表现得更加优秀，如劳动关系领域。人工智能不会感到饥饿，不知疲倦，能够全天工作，对于统计、分析、预测等需要严密逻辑的工作以及重复性高、需要耗费大量体力的工作，人工智能能够大显身手。

人工智能对人力资源有重大影响。李开复曾经说：在未来，人类需要思考 5 秒以下的工作都将被人工智能所取代。这当然不是耸人听闻，现在很多不需要思考的工作已被人工智能所取代。例如，快递分拣员，京东、阿里巴巴的智能仓库已基本被人工智能所取代，而且效率得到了大大提高。

人工智能对人力资源的第一个重大影响就是有些人可能因为人工智能而失业，未来组织管理的许多工作可能被人工智能取代。但从事相关工作的人不会消失，只是其工作内容从低价值的重复工作，转变为宏观判断、组织战略、情感投入、创新变革等高价值的工作。人工智能对劳动关系产生影响，是科技进步的必然结果。但是，它也有自己的"软肋"。它知道如何执行指令，可以把指令执行得非常完美，但不知道在不同情况下如何判断轻重缓急、特事特办，不知道如何融入情感因素来处理劳动争议。或者说，它"说一不二"，执行力极强，但不知何为创新。它是高效的，但也是冰冷的：只知程序和指令，却不知温情。

人工智能对人力资源的第二个重大影响，是人力资源发展和变革的又一个"风口"。有理由相信，乘着人工智能的"风口"，人力资源将会再次经历重大变革。

20 世纪 90 年代后期，中国互联网进入快速发展期。1997 年，智联招聘网站成立；1999 年，前程无忧网站成立。随后各种招聘网站相继成立，极大地方便了招聘工作。2000 年，时代光华成立，E-learning 系统进入万千企业，极大地方便了人力资源培训。2004 年，北森云成立，其测评系统方便了对人才的识别。此外，成立于 1988 年和 1993 年的用友与金蝶两大财务公司，通过其集成化的人力资源系统和软件将人力资源管理整体提升了一个层次。

20 年后，人工智能像当年的互联网一样，出现在人们面前，人力资源发展再次遇到"风口"。

在基础人事模块方面，2017 年，京东的共享服务中心部门（Share Service Center，SSC）获得"最佳人力资源共享服务中心创新实践奖"。京东的 SSC 把入职人员身份证输入系统，入职员工通过"验证身份证+刷脸"就能在入职当天实现在总部园区的自由通行。京东入离职全部在线上进行，身份证、银行卡以及各种证书在拍照时就会被智能识别，无须自己手动输入。劳动合同也告别纸质版，全部实现线上办理，在手机屏幕上签字确认即可。

入职后，每个人的材料会放入一个自提柜，每个人分配一个条形码，通过自己的条形码可以打开自提柜，找到自己的资料，办理一些自己的事务，如买房、落户、贷款等。目前，阿里巴巴、百度、滴滴等都使用了类似的人力资源智能软件。

京东有一个名叫 JIMI 的智能机器人，它利用自然语言处理、深度神经网络、机器学习、用户画像、自然语言处理等技术，能够提供全天候、无限量的用户服务。这些服务涵盖售前咨询、售后服务等电子商务的各个环节，JIMI 堪称京东用户的购物伴侣。同时，这个智能机器人也被用于人力资源，京东给这个智能机器人输入了 5 万多条话语，其上线后，员工提出的问题可以覆盖 95% 以上，也就是说，JIMI 可以解决员工提出的 95% 的问题。

华为也有人力资源智能机器人，叫作 Cici，华为的人才供应、人才发展、人才测评、薪酬、激励、考勤、问询甚至订机票、落户、各种证明等的开具工作，都是由这个机器人负责。

从人力资源规划方面来讲，人们通过分析数据，进行人力资源规划，这需要有较高的逻辑思维能力。在这方面，相对于人而言，人工智能做得更为全面和准确，规划方案和预测结果更加清晰，也具有更高的契合度。

从绩效管理方面来讲，绩效管理的主流体系包括关键绩效指标考核法（Key Performance Indicator，KPI）、平衡计分卡（Balanced Score Card，BSC）、全视角考核法反馈评价体系，这些体系都要求设定具体的指标体系，并进行相应的考核。指标体系设置得科学、合理，考核过程公平、公正，都需要较高的技术。人工智能可以最大限度地消除人为因素的影响，从而使评估过程更加方便，评估结果更科学、更符合实际。

2017 年 8 月，猎聘网举行了一次招聘人机大战。与猎聘机器人对战的是互联网领域的资深人力资源师和猎头，游戏规则是在猎聘 3700 万存量的简历库中，以最快的速度筛选出与招聘职位需求最匹配的简历，职位是随机抽取的。随着裁判的一声"开始"，猎聘机器人用 0.015 秒筛选出 10 份简历，五位资深人力资源师用 23 分钟筛选出 10 份简历。但是，这次的评价方式并不包含速度，只看简历的质量，最后的结果是猎聘机器人仅以 0.36 分的差距输了比赛。虽然结果是猎聘机器人输了，但是其速度和精准度震惊了众多人力资源师。

20 多年前，电子商务在互联网大潮中走在了前列，出现了阿里巴巴、亚马逊、京东等行业巨头，极大地改变了人们的生活方式。阿里巴巴、百度、京东的人力资源曾经历的事情，很多企业现在正在经历。2009 年，华为最早在国内引入人力资源三支柱模式（专家中心、共享服务中心、人力资源业务伙伴），2014 年国内很多企业已经效仿实行，如今实行三支柱模式的企业更多。

我们应当对人工智能的到来充满期待，主动发掘其在包括人力资源在内的组织管理中所发挥的作用。因为人工智能对人力资源的冲击来得越早、越快，人力资源也就有可能越早得到更多的重视，发挥更大的作用。积极融入绝对比被动淘汰要好——因为人工智能，组织管理的明天会更好。

四、雇佣和分配的革新：未来的产业链和价值链

从产业链的角度看，人工智能产业链主要包括基础层、技术层、应用层三个层次。在基础层，也就是上游层，计算技术为人工智能应用落地提供基础的技术保障，是一切人工智能应用得以实现的前提；在技术层，也就是中游层，人工智能技术主要表现为语音识别、计算机视觉、深度学习等；在应用层，也就是下游层，人工智能技术主要表现为金融、汽车、零售、大健康、安防、教育等领域的应用。

人工智能上游层主要有各类具有计算能力的基础设备。芯片、传感器及各类计算平台得到了广泛的运用，为人工智能的应用落地以及技术的实现提供技术支撑。计算能力是人工智能在各个领域"大显身手"的基本前提。

人工智能芯片被称为人工智能加速器或计算卡，也就是人们常说的专门用于处理人工智能应用中的大量计算任务的模块（其他非计算任务仍由 CPU 负责），以满足人工智能的计算需求。当前，人工智能芯片主要分为 GPU、DSP、FPGA、ASIC 以及类脑芯片等，其中 GPU、FPGA 均是前期较为成熟的芯片架构，属于通用型芯片；ASIC 属于为人工智能特定场景定制的芯片。

在 GPU 领域，英伟达主打工业级超大规模、深度加速网络，并推出了基于 Volta 的处理器 Tesla；英特尔主要围绕 FPGA 构建产业，推出了模仿人脑的人工智能芯片；谷歌也推出了第二代 TPU 芯片，为自己的开源 TensorFlow 框架提供芯片支撑。除了这些行业巨头，来自我国的企业有寒武纪、深中星微、鉴科技、西井科技等初创企业，它们也相应推出了类似的产品。

人工智能芯片是人工智能的"大脑"。近年来，人工智能芯片市场规模呈快速增长态势。目前，我国的人工智能芯片行业仍处于起步阶段。随着大数据技术的发展、终极算法能力的提升、全球各行各业数据流量的快速增长等，

人工智能将迎来新一轮的爆发。人工智能芯片未来将呈现以下发展趋势。

首先，从技术难点到场景痛点。当前，主要从技术角度对人工智能芯片进行设计，以满足特定性能需求。未来的芯片设计则更多地从应用场景出发，从客户端出发实现规模发展，从设计环节进行"供给侧结构性改革"，从需求量、实施模式等方面综合分析人工智能芯片落地的可行性。

其次，从专用芯片到通用芯片。目前，人工智能领域的芯片多为特定场景设计，"私人订制"模式的主要原因在于目前的芯片还不能灵活地适应多种场景。未来，需要设计灵活、通用的人工智能芯片，让芯片成为人工智能领域的"CPU"。

再次，从云端到云边一体。目前，云端人工智能芯片的应用，成熟性相对高一些。随着边缘计算技术的兴起，智能计算的"云边结合"方式将逐渐成为该领域的潮流。

最后，从隔行分工到融合共生。目前，人工智能芯片产业发展方式主要以企业为主体，上、中游企业分工明显但合作较少，纵向企业之间的独立性较强，"老死不相往来"；在同一环节，企业高度竞争，"不是你死就是我活"。未来，产业发展将以合作为主线，通过共同搭建平台等方式，形成合作的生态环境。

处于基础层的人工智能公司主要如下。

语音识别和自然语言处理方面：百度、腾讯、科大讯飞、微软亚洲研究院、云知声、思必驰、出门问问、紫冬锐意、普强科技等。

机器学习和深度学习方面：金山云、商汤科技、依图科技、第四范式、深网视界、阅面科技等。

计算机视觉方面：微软亚洲研究院、汉王科技、商汤科技、旷视科技、图谱科技、盛开互动、依图科技、格林深瞳、诺亦腾、云从科技、图森互联、中科奥森、深网视界、图漾科技、阅面科技、中科视拓、Linkface、聚力维度、深圳科葩、速感科技等。

语义识别方面：智臻智能、图灵机器人、ImageQ、玻森数据等。

人工智能的中游产业链主要是指技术层面的产业链条。技术层面是指感知技术、深度学习技术等，主要包括计算机视觉、语音识别、自然语言处理、机器学习等，是人工智能的核心。人工智能基于这些"硬核"技术实现其商业化构建。其中，自然语言处理技术伴随着深度学习算法的成熟而突飞猛进，受到制造业与学术界的关注。目前，自然语言处理技术已被广泛应用于机器翻译、信息检索、内容过滤等领域。其中，科大讯飞是自然语言处理领域的杰出代表。据悉，科大迅飞在语音合成、语音识别、语言翻译、声纹识别、人脸识别等智能语音，以及人工智能核心技术上已达到国际先进水平。

此外，计算机视觉既是人工智能的核心技术之一，也是人工智能发展应用的重要驱动力。据预测，计算机视觉市场正处于高速增长阶段。当前，5G技术已取得突破，5G时代的到来，将给计算机视觉行业带来更大的经济机遇，形成新的增长点。

处于技术层的人工智能公司主要如下。

人工智能芯片：华为、全志科技、中星微电子、中科寒武纪科技、西井科技等。

计算能力平台：阿里巴巴、百度、浪潮、搜狗、Chinapex 创略、永洪科技、中科互联、数据堂、明略数据、腾云天下、云天大数据、海致网络、GrowingIO 等。

人工智能的下游产业链属于应用层。应用层主要是基于基础层与技术层，实现与传统产业的融合，实现不同场景的应用。应用层领域涉及较广，包含智能教育、智能金融、智能医疗、智能安防、智能搜索等。人工智能应用层产品包括智能教育机器人、智能穿戴设备、智能玩具、智能家居、创意生活、健康保健、航模飞行器、智能驾驶等。按照对象不同，可分为消费级终端应用以及行业场景应用两部分。

智能机器人、智能无人机以及智能硬件是消费级终端的三个方向，对接各类外部行业的人工智能应用场景则是行业场景应用的主要方向。

下游产业链以谷歌、亚马逊、"脸书"（Facebook）和微软为代表的国外科技巨头，投入巨资以抢占先机。国内科技企业也纷纷布局人工智能产业。IBM 最早布局人工智能，"万能 Watson"推动多行业变革；谷歌的人工智能业务在多领域遍地开花，包括阿尔法狗（AlphaGo）、无人驾驶汽车、智能手术机器人等。

近年来，我国人工智能应用层产品和服务正不断取得新的成就。目前，百度推出"百度大脑"计划，形成了较为完整的人工智能技术布局，并重点铺排无人驾驶汽车。凭借在电商、支付和云服务方面的资源优势，阿里巴巴正积极推动人工智能技术的深度融合。凭借微信、QQ 等社交优势，腾讯正将人工智能技术覆盖医疗、零售、安防和金融等许多行业。此外，商汤科技、旷视科技、依图科技、云从科技等中国初创公司也在人工智能细分领域有所建树。此外，不少家电企业也瞄准了人工智能，潜心研发人工智能技术，将其应用于家电产品，美的、格力、格兰仕、长虹等公司都在向智能制造方向转型，试图立足智能家居，将人工智能和智慧家庭更紧密地结合起来。

碧桂园集团向机器人产业的转型也是一个典型案例。2018 年 7 月，碧桂园集团全资子公司广东博智林机器人有限公司（以下简称"博智林机器人"）宣布成立，并在佛山市顺德区北滘镇东北部打造佛山顺德机器人谷，规划面积约 16 平方千米，联手清华大学、香港科技大学、西湖大学等科研院校，迅速搭建系统化研发体系，围绕建筑机器人和智慧建造等领域开展联合研发，重点聚焦建筑机器人研发、制造与应用，同步实施系统化产业布局。截至目前，博智林机器人已投入近百亿元人民币，组建了 3400 多人的研发团队，在研建筑机器人超过 50 款，有近 40 款机器人已投放工地测试应用，填补了行业空白。碧桂园集团还将依托每年上亿平方米的市场需求和丰富的应用场景，加快构建以机器人施工为主，人机协作、智能化施工装备、装配式建筑、BIM 技术及全流程信息化管理系统等协同推进的新型建造模式，助力建筑行业优化升级，进而带动全产业链的完善和提升。

目前，人工智能技术处于快速发展阶段，以机器学习、深度学习为代表的新一代人工智能技术主要体现在算法层面，成熟的实体终端产品并不多。我国初具市场规模的终端产品主要是智能音箱、智能机器人以及无人机，如小 i 机器人、智齿客服、出门问问、度秘等。

当前，各地对"新基建"的相关规划正纷纷启动，在"新基建"七大领域中，人工智能及场景应用的基础建设是消费投资的主战场。随着新型基础设施建设速度的加快，人工智能与各个应用场景的融合将不断深入。相信在不久的未来，人工智能将更好地参与到全球创新生态的建设中，为中国产业赋能，为全球创新赋能。

处于应用层的人工智能公司主要如下。

机器人方面：博实股份、地平线机器人、旗瀚科技、智位科技、思岚科技、智能管家、埃夫特、臻迪集团、祈飞科技、智久机器人科技、妙手机器人、科沃斯等。

自动驾驶方面：百度、阿里巴巴、中科创达、智车优行、佑驾创新、零零无限科技等。

无人机方面：大疆、臻迪科技等。

语音助手方面：百度、出门问问等。

产业应用方面：碳云智能、久其软件等。

智能金融方面：平安集团、GEO 集奥聚合、量化派等。

智能医疗方面：华大基因、碳云智能、贝瑞和康、汇医慧影、医渡云、钱璟康复等。

智能安防方面：大华股份等。

智能教育方面：英语流利说、义学科技、小知科技等。

智能硬件方面：智位股份等。

人工智能不仅影响产业链，也影响价值链。

早在 1992 年，纽约大学教授、媒体文化研究者和批评家尼尔·波斯曼（Neil Postman）就专门撰文讨论信息革命的各个阶段，并对信息革命造成的知识垄断、信息泛滥、信息失控、信息低俗化和历史文化符号的丧失等扼腕痛惜。

然而，这位学者的呼吁与忧虑并没有影响谷歌、苹果、华为等"巨无霸公司"的崛起，也没有阻挡推特、微信作为社交工具在今天的普及，更没有妨碍天猫、拼多多等新型消费方式对人们的生活方式产生影响。因此，在对担心信息化泛滥导致人文丧失的学者表示敬重的同时，我们应该从技术革命引发产业变革的角度出发，关注第三次产业革命中已经形成的全球价值链的特征和变化趋势，特别是要关注人工智能的发展与推广，以及其对既有的全球价值链所产生的影响。

目前，分析人工智能如何对传统全球价值链产生影响，是一件具有难度的预测性工作。但是，从已知的人工智能产业应用和技术可扩展空间来看，人工智能正促使全球价值链向更加"专业化"和"精细化"的方向转化。在传统的全球价值链中，以劳动密集型为主的流水线分工模式成为价值的主要产生模式。这种模式的专业技术"含金量"较低，大多数技术较为落后的发展中国家可凭借劳动力红利和资源禀赋优势参与全球价值链的分工体系。然而，在人工智能时代，全球价值链对科学理论、技术能力、智能素养有着较高的门槛设置，具有一定的理论性、专业性、技术性等要求。在人工智能时代，曾经的劳动力"数量"优势被极大地稀释，劳动力"质量"的权重将被放大。

此外，专业化必将带来精细化。在专业化的基础上，传统的产业链将进一步细分，人工智能的产业应用将逐渐产生"分支"，产业流程将依据专业的差异而分成不同的任务环节，从而促进分工的精细化。

在专业化和精细化的影响下，以技术密集型、知识密集型和资本密集型产业为主导的价值链将逐渐成为人工智能时代的主要形式。更重要的是，从技术发展趋势和产业实践角度看，人工智能的快速发展与广泛应用，将推动全球价值链本身构造向"高等级""一体化"方向发展。

在传统的价值链体系中，全球产业主要通过彼此之间的贸易将相互分散的生产环节连为一体。然而，在人工智能时代，全球企业间的联系模式将从以前的以贸易为纽带的全球网络形式，向以"主导企业"为核心，涵盖研发机构、生产企业、营销平台的全流程综合体转化。"主导企业"凭借自身的资本、技术等优势，将产业链的研发、生产与营销等环节紧密地连接为一个整体，从而使产业流程集中整合于同一个平台上，实现了任务与任务之间、产业与产业之间的快速对接，降低了沟通的复杂性，提高了信息交流的效率。

人工智能不仅带来了一体化趋势，还将促进单一的"主导企业"对上下游的全产业链进行整合。其对全球价值链的整合不仅表现为"主导企业"的业务向产业源头即技术供应链方向延伸，也表现为"主导企业"的业务向产业尾端即服务端扩展。例如，近年来，为了完善由自身控制的完整技术供应链，谷歌公司对大量人工智能初创企业开启"收购"模式；在我国，在确保自身终端服务链优势地位的同时，阿里巴巴公司也开始凭借技术优势涉足工业互联网，逐步向精细化制造的上游端进行延伸。

因此，在人工智能推动的一体化趋势下，未来的全球价值链分工将从传统的全球产业间分工，逐渐衍化为"主导企业"内的"部门分工"。"主导企业"在人工智能技术的加持下，将向高技术集成后的纵向全流程一体化产业链模式演化。

在人工智能技术迅速发展的背景下，除了主导企业纵向全流程一体化发展趋势外，全球价值链的另一个演化趋势是这种"主导企业"已开始向多产业、多领域覆盖，并通过应用新技术来颠覆工业制造、营销零售、服务辅助等传统的全球价值链领域，从而转型为"矩阵型公司"。这种形态的公司突破了传统的行业壁垒限制，既不同于早期工业化时代的福特公司、日本多产业联合经营的株式会社，也不同于跨行业的通用电气公司的模式，它是一种在以前的产业革命中未曾出现过的，以人工智能技术完成研发、生产、营销、服务的自身赋能型公司，并能引领新型全球价值链发展。

因此，人工智能发展对全球价值链最重要的影响，就是通过全流程智能化、数字化的改造，包括深度学习、大数据决策而形成新的管理模式、全环节制造流程，从而产生价值链的集中效应。

在传统价值链时代，上下游纵向连接和全球生产网络结构中的"主导企业"获取了全球价值链构成中的大部分收益，其余的收益由全球参与劳动分工的"中间商"生产企业组合完成。但是，在人工智能时代，"矩阵型"主导企业对上下游和多产业聚集，事实上形成了一个无法用线性和拓扑网络诠释的立体产业结构。它以立体化、分布式、自身赋能的形式将自身的数字集成技术扩散到所有行业，用机器替代人工，大幅度地精简传统劳动的分工流程，颠覆式地压缩传统价值链的长度，重组当下全球价值链的结构。当然，作为价值链变化的结果，各个国家在经历几次产业革命后获得的比较优势将发生改变，也必然被人工智能等技术推上前所未有的竞争舞台。

我们所要做的，除了观看人工智能这一舞台上的节目，还要随时准备上台表演节目。节目必将精彩纷呈，让我们拭目以待。

CHAPTER

第四章　**跨界与限界：
产业智能化与智能产业化**

　　近年来，我国加大了对科学技术的扶持力度，人工智能、大数据、物联网等技术的运用随处可见。我国的产业结构在这些智能技术的赋能下展现出新的发展模式，智能技术与产业的融合日益紧密，产业智能化和智能产业化的全新产业版图正初步显现。

　　农业的集成：人工智能让地球再次美丽丰饶

　　工业的跃迁：经济社会高质量发展的基础

　　服务业的共振：财富渠道的颠覆性重塑

　　智能产业化：以人工智能为核心的产业崛起

　　人工智能技术通过模拟、扩大、延伸和增强人的功能，加速智能产业化和产业智能化，大大提高了人类改造自然和提升自我的能力，把人类社会推进到智能时代。作为引领未来的战略性高科技和新一轮产业变革的核心驱动力，人工智能正催生新产品、新产业以及新模式，导致产业智能化和智能产业化，引发经济结构的重大变革和传统产业的转型升级，进而塑造智能经济雏形，引领智能经济时代，深刻地影响着产业发展和就业前景。

一、农业的集成：人工智能让地球再次美丽丰饶

党的十九大报告指出，农业、农村、农民问题是关系国计民生的根本性问题，必须始终把解决好"三农"问题作为全党工作的重中之重，实施乡村振兴战略，要坚持农业农村优先发展，按照产业兴旺、生态宜居、乡风文明、治理有效、生活富裕的总要求，建立健全城乡融合发展体制和政策体系，加快推进农业农村现代化。而将人工智能等技术应用于农业是实现农业现代化的重要环节，也是实现智慧农业的重要路径。

（一）智慧农业发展现状

当前，随着我国经济发展进入新常态，人民生活水平日益提高，人们对吃的要求也由"吃饱"向"吃好"转变。但是，"三农"问题仍然是制约我国实现现代化的主要因素，也是我国国情（特殊性）的重要表现之一。我国的现代化，实质上是实现农业产业化、大量农民向非农产业转移以及人口城市化。然而，由于买方市场的形成、产业结构的调整以及强调节约能源、保护环境等因素，目前我国的"三农"问题依然存在。将人工智能、5G等智能技术应用于农业方面，有助于解决"三农"问题，实现农业现代化。

何为智慧农业？可以理解为人工智能农业，字面意思是"AI+农业"，一般是指以物联网技术、"5S"技术（遥感技术、地理信息技术、全球定位系统、数字化摄影测量系统、专家系统）、云计算技术和大数据等信息化技术为手段，从空间、组织、管理上整合现有农业基础设施、通信设备和信息化设施，实现"三农"发展的数字化、智能化、低碳化、生态化、集约化❶。

智慧农业是农业的根本出路。我国对智慧农业的探索最早可追溯到20世

---

❶ 陈立康，邱珈铖. 诸暨发展智慧农业的对策措施［J］. 新农村，2020（5）：11-12.

纪 80 年代，当时，国家大力扶持农业发展，在政策的大力支持下，我国开始研制农业专家系统。这些系统被用于设计作物栽培、病虫害防治、生产管理、节水灌溉等方面，推动我国农业产业结构发生了很大的变化。我国农业开始迈上新的台阶，开启了智慧农业之路。20 世纪 90 年代是我国智慧农业的快速发展期，在这一阶段，应用农业机器人成为农业发展的新方向。进入 21 世纪以来，我国智慧农业进入了规模应用期，人工智能、物联网、大数据等智能技术的应用与发展为我国智慧农业的发展提供了更多的可能性，无人种植、采摘机器人、农机智能化等的应用推动了我国智慧农业的进一步发展。我国智慧农业发展历程如图 4-1 所示。

图 4-1　我国智慧农业发展历程

　　人工智能、5G 等智能技术赋能农业，为我国智慧农业的发展提供了强大的助力，BAT 等互联网巨头纷纷加强对智慧农业的布局，通过与各地合作加强农产品的产销对接。例如，2018 年，京东以无人机农林植保服务为切入点，搭建智慧农业共同体，这一共同体与地方政府、农业上下游龙头企业、农业领域专家等共同合作打造京东农场。同年，极飞科技联合拜耳、阿里巴巴农村淘宝发布"未来农场计划"，该项目旨在帮助农户提高产量，提升农产品质量，推动农产品优质优价。阿里巴巴推出"农业大脑"与养殖业、种植业的结合，改变传统农业的生产和管理方式，提升养殖场和农产品基地的生产效率与经济效益。

　　在巨大市场空间的吸引下，众多互联网企业开始布局智慧农业，加之国家大力提倡现代农业精细化生产，我国智慧农业潜在市场规模巨大。

(二) 人工智能赋能农业

　　智慧生产是发展智慧农业的关键，要使我国农业向智慧化转型，就必须准确地把握好智慧生产这一核心环节。人工智能在农业领域的应用可分为三个方面。

一是农机智能化。随着农机作业水平的提高以及现代农业生产需求的改变，传统的农业作业方式已经难以适应现代农业生产的需要。人工智能技术可以升级农机技术，满足农业现代化发展的要求。推动农业向智慧农业转型，是未来农业发展的大方向。农机的智能化发展为我国农业生产节约了大量的人力、物力，智慧农业的实行与推广，不仅可以提高农业生产的效率，还可以提高农业发展的质量。

人工智能技术应用于装备农业机械设备是推动智慧农业发展、提高农业发展质量和效益的重要手段。人工智能技术为农业发展提供技术支撑，为农业向智慧农业转型提供软件支持。近年来，我国借助大数据、人工智能等技术在农业农机的应用上进行了大量探索。例如，自动收割机（见图4-2）的研发与应用替代了传统收割机。自动收割机可以直接将农作物的颗粒（果实）收割下来，收割干净、铺放整齐。这不仅为农业从业者提供了极大的便利，还解放了他们的双手，使他们拥有了更多的空余时间从事其他的工作。

图4-2 自动收割机在收割农作物

二是生产管理智慧化。利用智能图像识别技术，实现生产智能化管理，不仅可以识别农作物，还可以识别非农作物以及有害病虫，以此提供具有针对性的灭草灭虫方案，实现智能除草、喷药，尽可能地为农作物的健康生长提供无害环境，并能根据农田水分的变化以及农作物的生长情况实现智能灌溉，对农作物生长土壤和生长环境进行监测与分析，最大限度地为农作物提供最优生长环境。运用传感器和软件等综合监测系统，使农业人员可通过将农作物生长数据上传到手机 App 等中，利用所提供的数据对农作物的生长情况进行综合分析，对农作物的生产进行可视化管理，进而对其生长进行合理、有效的全过程控制，以便在发现异常时及时、有效地采取应对措施，从而保证农作物健康生长。在水产养殖方面，基于人工智能技术开发各种可依据不同水质做出不同反应的传感器，以实现对水质及各种养殖环境的监测，并通过相应设备对指标进行分析，以保证养殖环境在可控范围内，实现科学、合理的养殖可控化。例如，新疆生产建设兵团应用卫星导航技术进行棉花播种（见图 4-3），能够一次完成铺膜、铺管和播种作业，且播行垂直误差和播幅连接行误差均较小。这不但提高了土地的利用效率，而且为传统农机播种作业中经常出现的"播不直，接不上茬"的问题提供了有效的解决方案。

图 4-3 新疆生产建设兵团利用卫星导航技术进行棉花播种

三是农作物与畜牧业加工智能化。人工智能通过数据收集分析、动植物信息感知、智能识别等技术，为农业产品的生产、储存与销售提供可持续的解决方案。例如，黑龙江省兰西县引入秋葵加工设备，采用真空低温油浴

（VF）技术加工秋葵，不仅保存了秋葵的色泽、营养和风味，而且有效地延长了秋葵的保质期。通过更精准地使用化肥、农药进而实现科学种植，有利于减灾、抗灾，改变人们依赖经验的种植行为，也有利于提高生产加工效率、降低人力成本、弥补农业劳动力缺口。图4-4所示为农业机器人正在采摘西红柿。

图4-4 农业机器人正在采摘西红柿

二、工业的跃迁：经济社会高质量发展的基础

工业是社会分工发展的产物和国民经济的主导产业，我国的工业主要以基础工业部门为主，经过了手工业、机器大工业、现代工业几个发展阶段。随着"互联网+"和"智能+"时代的到来，数控和智能化已经深入企业生产的各个环节，在人工智能、大数据等技术的赋能下，那些需要大量人力、物力的烦琐工作已经逐渐被机器所取代。企业生产的每一环节日益智能化，生产力也呈现出几何级的飞速增长，以智能设计、智能制造、智能运营、智能管理、智能生产等为典型特征的智能工业成为行业发展的新方向。

（一）智能设计

所谓智能设计，是指应用现代信息技术，通过计算机模拟人类的思维活动，提高计算机的智能水平，从而使计算机能够更好地承担设计过程中的多种复杂任务，成为设计人员的重要辅助工具。智能设计是智能技术赋能设计的产物，其基于对设计本质、过程设计思维特征及其方法学的深入研究，以设计方法学为指导，对人工设计进行模拟，借助人工智能技术中的专家系统技术、人工神经网络和机器学习技术来实现设计过程的自动化。此外，智能设计还以传统 CAD 技术为数值计算和图形处理工具，与 CAM 集成，提供统一的数据模型和数据交换接口，具有强大的人机交互功能，借助各项智能技术，使设计与人工智能的融合成为可能。

人工智能技术应用于设计界是否会导致设计师失业的问题，引起了业界的躁动。我们知道，设计是有目的的创作行为，即把自己的灵感、经验和感觉表达出来以达到所追求的目标。设计除了解决问题以外，还包括对美的理解和创作，是一种复杂的和抽象的活动，随着时代、阶级、民族和地域的不同而对美有不同的定义。

然而，当前的人工智能技术还停留在弱人工智能阶段，暂时无法拥有人类的主观能力，只能依赖数据和经验来创作或解决问题，也就是说，弱人工智能对美感一无所知，在短期内，人工智能的应用并不会引起设计师的大量失业。但是，时代是不断发展的，如果设计师不提升自身能力、不与时俱进，只是一成不变地进行创作，终将有一天会被人工智能所替代。

(二) 智能制造

当前，传统制造业面临来自市场、资源与环境、成本方面的三大压力，只限于生产过程的传统智能制造体系难以缓解这三大压力。随着智能技术的"核聚变"及其在制造领域的深入渗透，智能制造不再局限于生产过程，其被赋予了新的内涵，其业务范围扩展到企业的全部活动。中国工信部将智能制造定义为基于新一代信息技术，贯穿设计、生产、管理、服务等制造活动的各个环节，具有信息深度自感知、智慧优化自决策、精准控制自执行等功能的先进制造过程、系统与模式的总称。其具有以智能工厂为载体、以关键制造环节智能化为核心、以端到端数据流为基础、以网络互联为支撑等特征，实现智能制造可以缩短产品研制周期，降低资源能源消耗，降低运营成本，提高生产效率，提升产品质量。

智能制造作为一种生产条件和技术环境，提升制造业升级的条件和促成结构积极变化，带来了从传统工具转换为智能工具的革命，以及从经验决策到"数据+算法"决策的决策革命。其中，工具革命是从使用能量转换工具转为使用智能工具，利用自动化提高工作效率；而决策革命涉及需求、研发、管理、生产、服务相关环节，利用智能化提高决策的科学性、精准性。以"数据+算力+算法"为核心技术体系的智能制造是大规模的人机脑力协同，不仅包含自动化技术和数字化技术，还借助人工智能技术使企业的生产经营活动具有分析数据、优化配置、升级能力等智能行为。

在新冠病毒感染疫情期间，面对居民出行受限、企业复工受阻、医护人员短缺等情况，出现了一批送餐无人机、自动测温机器人等智能设备，助力疫情下居民生活的正常运转。例如，城市漫步科技有限公司的研发团队研发了一款防疫红外测温机器人曼迪（见图4-5），其不仅具备人脸识别、红外精确测温、门禁考勤等功能，还支持单人快速筛查测温，发现体温异常时会自动开启预警模式。

图4-5　防疫红外测温机器人曼迪

2018 年，送餐无人机正式投入商业运营，即时配送行业加快从劳动密集型向技术密集型进化；2019 年，极飞科技在广州试飞无人机送外卖，720 米远的外卖一分钟就能送达，此外，当遇到气流或天气突变时，无人机有足够的动力与之抗衡，降低了打翻外卖的风险。不可否认的是，无人机一旦被投入外卖派送中，外卖配送业必将面临巨大的冲击。虽然在短期内，送餐无人机不会取代人力，而是为人力赋能，但是科技日新月异，外卖人员应当提升自身的职业技能以及学习更多的知识。否则，当无人送餐全面普及使用时，必将有一大批外卖人员面临失业。

(三) 智能运营

正如埃森哲公司于 2018 年发布的《智能运营：决胜千里》所述，智能运营指的是应用人工智能，从海量数据中汇总、生成并洞察数据，实时且正确地制定决策，打造卓越的客户体验并取得突破性的业务成果。在智能经济时代，面对日益激烈的商业市场竞争格局，越来越多的企业认识到，能够给我们带来海量信息、知识与智慧的数据，不仅是企业生产经营中的重要战略资产，还是企业运营变革和竞争优势的核心动力。基于数据的企业运营正日益智能化。企业运营的智能化是一个漫长的变化过程，要实现由传统运营向智能运营转变，经营者不妨从智能生态、应用智能、数据支持、云赋能、创新人才五个方面逐个突破。

在智能生态方面，2019 年，新华社、人民日报、中央广播电视总台三大央媒发力人工智能，不断打造引领主流媒体"智慧+"变革的新引擎，将新闻采集、生产和传播链条的各个环节智能地联合起来，为企业带来了更多的技能组合和新的技术支持，为企业创新助力。

在应用智能方面，借助自身的传统资源优势，企业积极拓展媒介定位，基于传播链条的不同环节发力，以集成自动化、智能分析和人工智能推进运营的转型。

在数据支持方面，数据无处不在、无时不在，充斥着企业生产经营的各个环节，生态系统内外的结构化数据和非结构化数据是深入洞察的基石，准确分析和利用海量的数据有助于保证企业的高效运营。

在云赋能方面，不同于传统运营，智能运营是一个借助云技术将所有要素紧密联系在一起的过程。同时，在各种云技术的赋能下，各平台上的海量数据都被全面整合到安全环境中。

在创新人才方面，在由"互联网+"向"智能+"迈进的过程中，对人才提出了更高的要求，智能运营需要的是把握数字化技术、行业重心和职能重点的创新型及产业型人才。

（四）智能生产

生产制造过程是单一的、机械性的，企业在生产过程中，需要对机器设备的诸多参数进行设置，把人工智能技术融到生产制造过程中，增强机器的自主生产能力，使机器能够摆脱对人力的依赖，在更多复杂的环节中实现自主生产，从而提高生产效率。人工智能在生产制造环节中的应用包括以下四个方面。

一是智能产品。通过把智能因素加入产品设计中，可以生产的产品更智能。例如，将人工智能技术应用在照明灯中，使照明灯可以根据周围环境的明暗变化自动调节亮度，从而提高产品的竞争力。

二是智能优化工艺。人工智能在生产制造方面的应用主要是通过机器学习建立模型，识别各制造环节内外部参数对最终产品质量的影响，通过动态地调节和改进生产过程中的参数，最终找到最佳的生产工艺参数。❶ 通过优化生产工艺来节约成本，进而提高企业的效益，如中策橡胶集团通过人工智能调整炼胶过程中的工艺参数，使炼胶合格率大幅度提升。

三是智能质检。通过将深度学习的机器视觉识别技术应用于产品生产过

---

❶　杨家荣. 人工智能与制造业融合的现状及思考 [J]. 上海电气技术，2019，12（2）：1-5，15.

程，对产品质量进行快速扫描，进而实现质检效率的提高。传统质检方式依赖于人工操作，受外界影响较大，不仅不同的质检人员对产品质检的结果会存在差异，即使是同一质检人员，也会由于质检时间、光线、疲劳程度等的不同而影响质检标准的执行。此外，如果对产品进行全检，则人工成本太高。因此，传统的质检方式多为抽检。机器视觉技术的应用弥补了上述缺陷，不仅质检标准统一，而且能够实现对产品的全检。例如，华星光电采用人工智能技术进行产品质检，不仅节约了大量的人工和质检时间，并且准确率提高到90%以上。

四是智能维修。智能维修是指在设备检修时进行机器故障预测，及早对机器设备进行检修，以免因故障造成损失，从而维持机器设备的正常寿命，增加系统的正常运行时间。当前，德国西门子、美国惠普等公司均采用该技术，准确率达到85%以上。

三、服务业的共振：财富渠道的颠覆性重塑

在国家供给侧结构性改革等一系列政策措施作用下，虽然我国经济面临着下行压力加大、社会消费需求和投资者信心不足等困难，但是服务业仍然保持着良好的增长势头，继续领跑第三次产业的发展，对 GDP 的增长具有重大的贡献。随着人工智能、大数据等智能技术的发展及其对服务业的赋能作用，服务新产业、新业态和新模式不断涌现，智能零售、智能金融、智能医疗、智能教育等智能新业态开始出现在人们的视野中并日益融入人们的生活，给人们的生活带来了极大的便利。

（一） 智能零售

在新冠病毒感染疫情的冲击下，许多零售企业持续数十年的增长被终结，这是线下零售企业普遍遭遇的困境。我们知道，实体零售是大多数零售企业的主要收入来源，在新冠病毒感染疫情的冲击下，这些企业与消费者失去了

最直接的联系，但这并不意味着消费者需求的消失，只是他们的消费习惯改变了。这对于传统零售业而言，既是挑战，也是机遇。

在新冠病毒感染疫情期间，生鲜和生活日用品由线下转战线上的趋势明显。例如，沃尔玛中国于 2019 年在全国上线了"沃尔玛到家"小程序，2020 年春节期间全国订单总量同比增长了 15 倍，呈现爆发式增长，这充分验证了零售全渠道的本质，体现了新时代企业和用户的新型关系。

技术的发展改变了商业环境，也改变了消费者的习惯，在智能新时代，零售业态已进一步升级和优化，近年来，随着"零售 4.0 概念"的提出，零售业又向前迈进了一大步。在虚实融合的智能零售时代，以消费者为中心，对尽可能多的零售通路进行组合和整合，以满足顾客购物、娱乐和社交的综合体验需求，其中全通路体验、资讯化数据管理以及个人化互动行为成为围绕消费者实现"无缝零售"的关键。❶ 智能零售在虚实融合的行业大环境下突破虚实界限，打造多元销售或服务通路，创新行业发展模式，以期提高运营绩效。

无人零售是智能零售的一部分，已成为全球零售业的新趋势。一方面，无人零售降低了零售业的人工成本，提高了运营效率；另一方面，无人零售替代了收银员等的机械性工作，一部分人质疑其是否会提高失业率。我们知道，新技术在替代旧技术的同时，会替代一些原有的岗位，但也会产生新兴的岗位。判断无人零售是否会提高失业率不应仅从"无人"这一角度去评价，还应从其产生新岗位所带来的就业联动效应来考虑。此外，更要从宏观经济的角度来考虑。总的来说，技术进步是能够增加就业岗位数量的。

（二）智能金融

2020 年年初，新冠病毒感染疫情暴发，市场上出现大量停产、停业、停工现象，在消费抑制的情况下，金融行业遭遇了强烈冲击，市值大量蒸发。

❶　王晓锋，张永强，吴笑一. 零售 4.0 时代［M］. 北京：中信出版社，2015：32-33.

与2003年"非典"结束后，电子商务开启迅猛发展之势，大量电商平台涌现的情况类似，2020年的新冠病毒感染疫情为我国金融行业深化线上转型提供了契机。银行等各大金融机构及企业积极完善线上布局，将人工智能、大数据等智能技术应用于金融行业，加速行业智能化转型。人工智能技术与金融行业相融合，顺应行业发展的潮流，重塑金融市场、金融机构、金融消费者、金融风险管理以及金融创新的发展模式，将对金融行业产生颠覆性的影响。

智能技术的"核聚变"弥补了传统金融行业的不足，金融科技的发展推动了各类智能金融应用的出现，我国金融行业日益由互联网金融向智能金融转变。风险控制是金融的核心，而风险总是存在，存在信息不对称、高成本、时效差、效率低等弊端的传统风控手段已难以满足消费者的需求。在智能技术的赋能下，智能风控应运而生，其在身份验证、授信、审批、反欺诈、存量客户管理、催收等风控环节都有了较大的改进与突破。

在移动支付方面，随着消费的升级和人们生活水平的提高，人们对生活品质提出了更高的要求，互联网时代的微信、支付宝等移动支付方式已难以满足消费者高品质的需求，开始寻求利用自身的生物特征作为识别载体的智能支付工具，如刷脸支付。

在投资顾问方面，随着人工智能、大数据等智能技术与金融行业的融合日益密切，投资者的普惠金融需求日益明显。基于大数据、深度学习算法等技术，能够合理评估用户的投资偏好，进而精准配置客户的个性化需求的智能投顾作为一种新兴产物助力智能金融的构建与完善。

(三) 智能医疗

在经济发展新常态下，各行各业日益显现出新业态、新模式。不难发现，关系民生的医疗行业的调整尤其明显，消费者更注重追求高质量的医疗服务。我国医疗由传统医疗向智能医疗转型主要是基于目前所处的现状：一方面，优质医疗资源供给不足、成本高，医生培养周期长，误诊率高，疾病谱变化快，技术日新月异；另一方面，随着人口老龄化加剧、慢性疾病患者增加、人们对健康的重视程度提高，医疗服务需求持续增长。

正如中国临床肿瘤学会（CSCO）江泽飞教授所言："人工智能可以帮助年轻医生成长，能提高资深医生的效率，能减少甚至避免医生出错。"❶ 可见，人工智能技术与医疗的结合加速释放出智能医疗的产业新动能。

（四）智能教育

当前，在人工智能、大数据等技术对教育的全新赋能和人们消费升级的双重驱动下，"互联网+"和教育尚处于融合阶段，作为更高发展阶段的人工智能对教育的赋能深层次地推动了教育教学改革和创新发展，给教育的未来发展提供了更多的机遇与挑战。

一方面，智能教育拓宽了教育的宽度和广度，人工智能技术赋能教育实现了教育信息化朝多维度方向发展，不再仅仅局限于教育手段的信息化，而是全力推动教育理念、教育内容、教育方式、教育目的等方面的信息化发展。它致力于打造由传统教育向均衡化、个性化的智能教育改革和转变的一种全新教育局面，更加注重教学过程中师生之间教与学的互动过程。

另一方面，智能教育颠覆了传统的教育模式，重塑了传统教育的各个环节。在智能技术与教育教学深度、高效融合的过程中，为相关教育环节插上了智能翅膀，智能教育环境、智能学习支持过程、智能教育评价、智能教师助理、教育智能管理与服务五大智能教育场景为教育增能、使能、赋能，形成了在线教育、智慧校园、智慧课堂的智慧教育行业细分市场，以智能化实现教育教学的个性化、最优化、信息化，进而达到1+1>2的教育效果。

---

❶ 人工智能助力 百洋医院携手 IBM 聚焦医疗智能化［EB/OL］.（2018−11−14）. https://baijiahao. baidu. com/s?! d＝1617119356872318855&wfr＝spider&for＝pc.

四、智能产业化：以人工智能为核心的产业崛起

人工智能技术作为新一轮产业变革的核心驱动力，是引领未来经济发展方向的重要技术力量，不仅催生了新技术、新产品、新业态、新模式，而且对传统行业有着较强的赋能作用，促进了传统行业的转型升级，推动了传统行业的智能化发展。当前，人工智能行业已发展到从技术壁垒深入产业服务的重要拐点，人工智能产业化浪潮已席卷全球，必将产生不可估量的影响。

（一）人工智能产业化的发展历程

人工智能从萌芽期、泡沫期到成长期，其发展历程可谓几经波折。随着人工智能技术的日益发展与完善，人工智能开始从实验室走出来，迈向产业应用阶段，其在制造业、零售业、金融、会计、医疗、教育、家居等领域得到越来越广泛的应用，人工智能产业化正深刻地影响着人们的生产与生活。在人工智能六十多年的发展历程中，经过了四次产业化发展，如图 4-6 所示。

图 4-6 人工智能产业化发展历程

20 世纪 70—80 年代是人工智能产业化发展的第一阶段，以费根鲍姆（Feigenbaum E. A.）为代表的基于规则的专家系统开发与应用获得成功，为工矿数据分析、冶金控制、医疗诊断、计算机设计、商业与科学等领域应用提供了得力工具❶。这一时期是人工智能产业化的初步探索，是以专家系统为基础的知识工程产业化。

---

❶ 蔡自兴. 人工智能产业化的历史、现状与发展趋势 [J]. 冶金自动化, 2019, 43 (2): 1-5.

20 世纪 80—90 年代是人工智能产业化发展的第二阶段，以扎德（Zadeh L. A.）的模糊逻辑为基础的模糊推理与模糊控制为工业生产过程和家电控制等提供新的有效决策、控制与管理手段❶。这一阶段是以模糊逻辑为代表的产业化，人工智能技术逐渐被人们所了解并应用。

20 世纪 90 年代，人工智能技术迎来了其智能产业化发展的第三阶段，即以智能机器人为代表的智能产业化。随着人工智能技术，尤其是神经网络技术的不断发展完善，人工智能领域研究成果丰硕，各类智能机器人被开发出来并投入使用，智能机器人浪潮一时席卷各国。

从 21 世纪前十年开始，人工智能产业化进入其发展的第四阶段，该阶段与以往三个阶段都不同，是包括德国"工业 4.0"和中国的智能制造等在内的新一代人工智能产业化阶段，其影响具有比以往三个阶段更大的深度和广度，掀起了多国深入研究人工智能技术的新一轮浪潮，进一步加速了产业变革，催生出新的经济形态。

（二）人工智能产业化的发展现状

作为经济发展新引擎的人工智能技术，在改善生活和生产的各个方面正展现出强劲动力。同时，支撑人工智能发展的算力、算法和大数据这三个条件也日益得到满足，人工智能技术正以一种新的态势在全球范围内蔓延，不断深入产业中，其实用价值正在被慢慢挖掘，在技术力量壮大后，更多领域的人工智能产业化正逐渐落地，加速推动了人工智能产业化的进程。

第一，初步形成了人工智能产业化基础，大批人工智能企业涌现。我国全面布局人工智能产业，积极参与人工智能应用的探索。一方面，智能安防、智能金融等的需求助推了人脸识别技术的发展和落实；另一方面，无人驾驶技术、智能教育等的发展促进了计算机视觉、语音识别和自然语言理解等技

❶　ZADEH L A.　Knowledge Representation in Fuzzy Logic ［M］//YAGER R R，ZADEH L A.　An Introduction to Fuzzy Logic Applications in Intelligent Systems.　Nederland：Kluwer Academic Publishers，1992.

术的应用落地。此外，我国拥有海量数据和极大的市场规模，有助于加快推进人工智能的应用场景落地。近几年来，人工智能产业基础空前增强，人工智能产业规模逐年扩大，未来仍将保持平稳快速增长。

第二，投融资环境较好，规模可观。我国人工智能产业的投融资规模仅次于美国和欧洲，位居世界前列。近年来，国家大力推进数字经济，格外重视并积极支持人工智能的发展。在强力的政策助推下，尽管我国人工智能行业起步慢，但发展迅速，已经逐渐成为国际竞争的中坚力量。近十年来，我国人工智能投融资数量整体呈上升趋势发展。具体来看，中国人工智能行业投融资事件数量自 2010—2018 年连续 8 年递增，尤其是 2014 年，投融资事件数量不仅是 2013 年的 3 倍之多，还超过了 2010—2013 年所有事件数量的总和。在社会发展、政策助推等因素影响下，人工智能行业投融资事件数量在 2018 年达到巅峰，融资事件数量达到 1185 起，尽管之后在 2019—2020 年数量出现了下降，但仍保持较高的数量水平，随后在 2021 年人工智能行业投融资事件数量增长至 1132 起，逐渐恢复至巅峰水平。❶

第三，人工智能人才供不应求，专业人才占比偏低。目前，该项技术处于政府、企业大量初步投入研究的领域，掌握人工智能技术的人才较少，尤其是高端人工智能人才，更是各国激烈争夺的对象。目前，我国正加大力度培养人工智能人才。

第四，多国出台一系列政策，紧锣密鼓地布局人工智能产业发展。近年来，为了抓住人工智能产业化发展机遇，抢占人工智能创新高地，加快建设创新型国家和世界科技强国，各国竞相出台了一系列国家发展战略，以助力人工智能从实验室走出来，迈向产业化，进而紧紧依靠科技创新提高国家的竞争力。各大互联网巨头纷纷投入研究人工智能技术，人工智能在企业中的应用越来越广泛，发展机遇一片大好，不仅众多科技公司致力于布局人工智

❶ 人工智能投融资数据全公开：AI 芯片受追捧，红杉资本腾讯最活跃 [EB/OL]. （2022-05-13）[2022-06-18]. https://www.sohu.com/a/546749939_121315958.

能，一大批初创公司也纷纷加入人工智能技术的研发行列。

（三）人工智能产业化对就业的影响

在我国面临产业结构调整、人口红利逐渐消失的情况下，要解决人工智能时代的就业问题，必须借助智能技术将"人口红利"转化为"人才红利"，进而调整产业和就业结构。当前，人工智能技术对就业的影响主要体现为替代效应、创造效应和就业结构调整三大方面。

第一，人工智能技术会产生替代效应。这主要表现为：一方面，人工智能等新技术的发展会造成传统企业的灭亡、劳动岗位的消失，进而造成就业岗位减少；另一方面，由于技术进步会提高劳动生产率，在产业规模不变的情况下，对劳动力的需求会下降。❶众多智能机器设备被投入各行各业的生产经营过程，一方面，提高了劳动生产率，当企业的生产规模不变时，劳动生产率的提高会直接造成就业岗位的减少；另一方面，智能机器设备的使用有助于提升企业的资本生产率，使劳动和资本之间发生替代，进一步降低了对工人的需求。从事体力劳动、工作内容单一的从业者很容易被人工智能所取代，这些行业多为劳动密集型且技术含量低的行业，例如，服务员、车间流水线工人等工作岗位很容易被高效率、低成本的人工智能所替代；另外，基层会计、保险等烦琐、重复性高、从业门槛低的岗位也将逐渐被人工智能所替代。总体来说，人工智能产业化的替代效应将对不同技术含量的行业产生不同的冲击，会首先替代技术含量低的岗位。

第二，技术进步会带来劳动力市场的创造效应，也就是说，一项新技术的应用与发展会带来新的岗位。新技术的应用不仅会提升企业的业务量，直接促进岗位数量的增加，还会催生新的行业和新的部门，吸纳大量的劳动力，对劳动力市场产生正向推动作用。在居民收入提升的同时，社会储蓄规模也将相应提高，为生产部门扩大投资需求提供了必要的资金支持，同样会通过

---

❶　陈明真. 人工智能对就业的影响研究进展［J］. 中国经贸导刊（中），2020（6）：181–184.

调整生产规模，提升就业水平。❶ 因此，在人工智能技术和信息技术出现后，虽然有些工作岗位会逐渐被取代，但也会出现一些新的工作岗位或业务模式。

第三，技术进步会促进劳动力就业结构的调整。人工智能产业化的发展，改变了劳动力市场的分工结构。随着人工智能的发展，企业对劳动者提出了更高的要求，劳动者为了适应雇主更高的技能要求以获取更好的福利待遇，必须提升自身能力。同时，劳动者学习和掌握了新技术、新技能之后，将加速新技术的传播使用，形成良性的反馈及强化效果，促进技术进步在社会生产层面的扩散，引发不可小觑的乘数效应。❷ 因此，应加大对人力资本的投资，通过人才培养提高教育与人工智能市场的匹配度，实现劳动者知识结构的重构与创新能力的培养。同时，完善职业技能教育体系，形成人工智能技能人才高地等。

唯有此，才能促进产业智能化与智能产业化的良性发展。

❶ 马文婷. 人工智能对劳动者就业影响效应探究［J］. 合作经济与科技，2020（7）：141-143.

❷ 马文婷. 人工智能对劳动者就业影响效应探究［J］. 合作经济与科技，2020（7）：141-143.

第二部分 ——————
人工智能时代的就业前景

CHAPTER

第五章　　势能与动能：
　　　　　关于人工智能的竞争、职业与
　　　　　社会渗透

在这个由技术引领产业发展的时代，在人工智能技术飞速发展及快速产业化的时代背景下，智能技术一方面在淘汰陈旧、落后的产业，使得与这些产业相关的就业人员面临失业危机；而另一方面，在人工智能的沃土中出现了一些新兴产业，一大批新的就业岗位需要人去填补。

核心技术：PK 体系与 WINTEL 体系

新职业：人工智能工程技术人员

从产业宏观到就业微观：透视人工智能在社会中的深度渗透

随着人工智能技术的不断发展完善，各种与智能技术相关的领域都在崛起，在这个过程中，围绕这些领域而展开的竞争与合作、就业与失业、融合与渗透等，都是非常值得关注的现象。而在这些现象的背后，都有一个总的智能技术"驱动力"和市场需求的"牵引力"，在持续不断地将人工智能推向市场，推向就业的中心。

一、核心技术：PK 体系与 WINTEL 体系

PK 体系，是由飞腾（Phytium）CPU 和麒麟（Kylin）操作系统组合而成的一个基础的、先进的和开放的技术架构体系，是国内具有代表性的计算机软硬件基础体系。飞腾（Phytium）是由我国自主设计的处理器芯片产品，而麒麟（Kylin）操作系统是支持虚拟化、大数据与云计算的先进应用系统。因此，由二者组合而成的 PK 体系，是一个全新的网络安全核心体系，它代表着中国新一代信息技术的发展方向，是新技术产业生态的典型。目前，PK 体系正致力于为全球的合作伙伴提供中国的应用解决方案，对于推进全球的资源融合与共享、网信产业的开放创新具有重要意义。

根据中国电子信息产业集团有限公司（CEC，以下简称"中国电子"）的官方消息，2019 年 12 月 29 日，其在海南自贸港首次面向公众和产业界正式发布《PK 体系标准（2019 年版）》及《PKS 安全体系》，迈出了从核心技术到产业发展的关键一步。而《PK 体系标准（2019 年版）》具体又包括参考框架、参考板、操作系统、外设接口、工程服务、安全等方面的 4 大类、8 小类共 15 项标准，为基于 PK 体系在板卡设计、软件开发和项目实施等方面的操作与应用提供了参考指南。与此同时，在发布《PK 体系标准（2019 年版）》之余，相关专家、学者还提前考虑到 PK 体系及其标准的漏洞和不足，并在此基础上发布《PKS 安全体系》，试图在原本的 PK 体系中嵌入立体化的安全防护网，从而解决计算机体系结构缺乏免疫力、产品应用补修漏洞不及时、常规安全防护机制降低 CPU 功效等问题。PKS 安全体系自带八重防护体系，打破了传统计算机结构，运载三大革新技术：国际首次采用 CPU 内置可信技术，国际首次采用内存内置物理防护技术，终端统一安全中心、云端统一安全管控。❶ 这就意味着，我国的 PK 体系已经从标准化和安全

---

❶ 国内首个计算机软硬件基础体系标准发布［EB/OL］.（2019-12-30）［2020-09-21］. ht-tp://tv.cctv.com/2019/12/30/ARTIDxCXfn1GleCByii5SUVA191230.shtml.

提级两个方面进行了换代升级，被业界誉为"中国架构"的 PK 体系真正完成了世界性的蜕变，成为我国推进建设计算机产业全球化大生态的关键一步。

WINTEL 体系，是指微软（Microsoft）公司与英特尔（Intel）公司的商业联盟，又称为 Wintel 联盟。这个联盟的意图是要成功取代 IBM 公司在个人计算机市场上的主导地位。简单来说，WINTEL 体系，就是由微软的操作系统与英特尔的 CPU 所组成的个人计算机。事实上，目前该联盟已经实现其预期目标，其全球市场份额已经占到 90% 以上甚至更高，在全球已经形成垄断。在这样的时代背景下，我国自主研发的操作系统和芯片能否打破这种垄断局面，是一个值得所有中国人思考的紧迫问题。因此，关于 PK 体系与 WINTEL 体系的对立、对抗之说，从根本上来说，就是要解答中国的核心技术，尤其是操作系统和芯片技术，能否从被国外垄断的局面中走出来，寻得新的立足之地和赢得世界声誉的问题。

对于这个问题的答案，中国工程院院士倪光南给出了参考建议。他指出，要打破当前这种尴尬的垄断局面，可以施行四种方案（见表 5-1）。

表 5-1　倪光南院士提出的四种方案

方案	内　　容
方案一	国产桌面计算机技术体系对 WINTEL 体系的替代，即国产 Linux 系统加三种国产 CPU（申威/飞腾/龙芯）替代 Windows 系统与 Intel 架构 CPU
方案二	高端服务器和数据库替代"IOE"（由 IBM 主机、Oracle 数据库、EMC 存储设备构成的系统），如航天超级服务器（含航天昆仑数据库）的性价比超过 Intel 主流服务器
方案三	博科 ERP 对 SAP ERP 的替代。据倪光南介绍，博科解决方案的实施及维护费用对比 SAP ERP 有大幅度降低
方案四	国产工控实时操作系统 SylixOS 对 VxWorks 的替代

数据来源：根据网络公开数据整理。

在倪光南院士提出的四种方案中，方案一对于解决 PK 体系与 WINTEL 体系之间的矛盾具有非常重要的意义。该方案旨在"集中优势兵力围点打援"，对不同重量级企业的优势进行整合，对技术平台进行叠加，然后不断突破和超越具有自主知识产权的操作系统与芯片。首要的事情是实现产品提级，只有 PK 体系的技术架构足够完善，且其在功能性和非功能性（包括性能效率、信息安全、兼容性、可移植性、易用性和可靠性等）上都能与 WINTEL 体系相抗衡，赢得消费者的口碑，才能真正在操作系统和芯片领域站稳脚跟。事实上，我们在这方面还有很长的路要走，但我们有信心实现"弯道超车"。原因就在于，在中国特色社会主义制度下，可以做到全国上下一盘棋，集中力量办大事，可以在极短的时间内调动广大人民群众的磅礴力量。

而且，我国已经在很多细分领域开始实现后发赶超和引领时代，如华为在 5G 通信、核心芯片、高端存储等领域取得突破性进展；天河二号代表中国在全球超算排行榜上多次折桂；北斗卫星导航系统是中国自建的全球卫星导航系统，经过几代"北斗人"的辛勤付出，北斗卫星导航系统已位列世界四大导航系统之一；我国在新四大发明，包括高速铁路、扫码支付、共享单车和网络购物的推广应用方面处于世界领先地位；等等。因此，只要我们继续坚持艰苦卓绝的奋斗，不断在关键技术领域下功夫，敢打敢拼，就肯定能在垄断的环境中"杀出一条血路"。

二、新职业：人工智能工程技术人员

2019 年 4 月，中华人民共和国人力资源和社会保障部、国家市场监督管理总局、中华人民共和国国家统计局正式向社会发布 13 个新职业信息，包括人工智能工程技术人员、物联网工程技术人员、大数据工程技术人员、云计算工程技术人员、数字化管理师、建筑信息模型技术员、电子竞技运营师、电子竞技员、无人机驾驶员、农业经理人、物联网安装调试员、工业机器人系统操作员和工业机器人系统运维员。其中，与人工智能时代最为符合的新职业是人工智能工程技术人员。人工智能工程技术人员，是指专门从事人工智能相关算法、深度学习等多种技术的分析、研究、开发，并对人工智能系统进行设计、优化、运维、管理和应用的工程技术人员。● 其主要的工作任务见表5-2。

表5-2　人工智能工程技术人员的主要工作任务

序号	内　　　容
1	分析、研究人工智能算法、深度学习等技术并加以应用
2	研究、开发、应用人工智能指令、算法
3	规划、设计、开发基于人工智能算法的芯片
4	研发、应用、优化语言识别、语义识别、图像识别、生物特征识别等人工智能技术
5	设计、集成、管理、部署人工智能软硬件系统
6	设计、开发人工智能系统解决方案

数据来源：根据网络公开资料整理。

从工作任务来看，其实是在间接地要求所有的人工智能工程技术人员都应该具备与之相关的能力，才能更好地胜任这份职业。从表5-2中可知，人工智能工程技术人员最应该具备的就是分析、研究人工智能算法、深度学习等技术并加以应用的能力，并在此基础上延伸出对智能芯片、智能指令、智能识别和智能硬件等方面的掌控能力。尤其是在面临相关的智能问题时，应能够迅速采取有效措施发现问题和解决问题，最好能够在发现问题和解决问题的过程中，建立与之相对应的问题预测模型，实现对将要发生的问题的预测和分析。也就是说，从工作任务反推人工智能工程技术人员的工作性质，他们应是人工智能领域的专家和学者，能够熟练地掌握和应用人工智能技术。与此同时，由于人工智能技术是一项复合型和综合型的技术集合体，要想深谙人工智能之道，自然就要成为具有多学科背景的复合型人才，不仅要掌握人工智能领域的专业知识，还要掌握物联网技术、大数据技术、云计算技术和工业机器人技术等。所以，从短时间来看，这一新职业的诞生，即便有非常大的市场需求，也难免出现人才供需矛盾问题。

● 中华网. 人社部拟发布电子竞技员等15项新职业［EB/OL］.（2019-01-29）［2020-09-19］. https://news. china. com/socialgd/10000169/20190128/35106108. html.

近年来，随着我国生产力的不断发展，经济形势已经从高速增长阶段转向高质量发展阶段，社会技术化程度在不断加深，社会教育水平也在不断提高，进而引发传统行业的人才供过于求。而在那些新生的职业技术领域，又由于人才需求的爆发式增长与人才培养的迟效性，导致人才缺口得不到迅速填补，在特定时间段内人才供需失衡，出现人才紧张的局面。很多人会问，新职业技术领域的人才缺口为什么迟迟得不到填补？与这些新职业本身有多大关系？笔者认为，除了由通过教育培养人才的迟效性导致的人才供需失衡外，还有一个最为直接的原因：这些新职业相较于传统职业而言，完全是全新的概念，尤其是对于那些完全适应传统工业社会的职业技术人才而言，这种"阵痛"表现得尤为明显。他们甚至认为，这些新职业的诞生完全是不可理喻的。由此可见，新职业诞生之后产生的人才缺口，追本溯源地来看，是由于两种职业文化的冲突，而且这种冲突的调解是一个持续的过程，甚至会使传统工业文化背景下的人为此付出"代价"。

人工智能工程技术人员作为目前新职业的典型，凸显了人工智能时代背景下的全新职业理念和技术架构，以及前沿的工作方法和职业技术理念。但正是因为时代的"新"与职业的"新"碰撞在一起，人工智能工程技术人员的人才缺口极大。根据各大招聘网站数据测算，目前我国人工智能人才缺口超过 500 万人，国内的供需比例为 1∶10，已达到严重失衡的程度。所以，不断加强相关人才培养，补齐人才短板，是我国的当务之急。与此同时，国际数据公司（IDC）预测，到 2024 年，人工智能将被整合到企业的每一个部分，在"结果即服务"（Outcomes-as-a-Service）的人工智能解决方案上，25% 的总投资将被用于推动规模创新和卓越的业务。❶ 简单来说，从现在开始，时间越往后推迟，人工智能的人才市场需求就越大，那么，人工智能工程技术人员的市场需求也会随之递增。从 IDC 的预测来看，2024 年以后的企业，将是从各种转型升级的"阵痛"中走出来的升级版企业，在完成升级之后，这些

---

❶ 新职业——人工智能工程技术人员就业景气现状分析报告［EB/OL］.（2020-05-07）［2020-09-20］. https://www.sohu.com/a/393301802_120343893.

企业将以全新的姿态拥抱人工智能新时代，并始终源源不断地从人才市场汲取养分，尤其是各级各类的人工智能工程技术人员。

从职业技术的发展阶段来看，人工智能工程技术人员的发展，自然也要经历求生期、强化期、成熟期和创新期的阶段性转变。而整个市场的螺旋式上升模式，其实也在不断地改良和淘汰落后的技术，这在某种程度上符合人才成长的阶段性发展过程。当前，即人才的培养速度赶不上市场需求变化的速度，最终导致人工智能领域的技术性失业和结构性失业。当然，这也与新职业的发展特点有关，在技术的迭代速度不断加快的前提下，很有可能产生新一轮的技术爆发点或技术奇点，很有可能就会迎来一个全新的时代。所以，从目前来看，对于人工智能工程技术人员这一新职业，人才的供需矛盾是必然的趋势，并且在短时间内无法迅速弥补人才缺口。更有甚者，这项新职业很有可能会因为某个技术奇点的到来而变成更新的职业。

首先，建立完备的阶段性人才培养体系，注重阶段性与整体性的辩证统一。完备的人工智能工程技术人员阶段性培养体系，是指在不同层级市场需求的基础上考量所得出的结果，无论是基础理论教育、高等教育，还是职业教育，都要不断地培养各级各类人才，只要人工智能人才市场有需求，人才培养体系就要有相应的应对措施。换言之，建立完备的阶段性人才培养体系，其实是在为攻克"两个阶段"的矛盾冲突做准备，通过运行这样的教育体系，各级各类人才的储备量都在不断地累积，而不至于处于停滞状态。那么，随着市场的阶段性变化，我们就可以依靠处在四阶段中的创新型人才去超前布局和提前适应，用高阶的人才应对市场的低阶需求变化，从而缓解旺盛的市场需求对人才网络造成的巨大压力。

其次，建立多源异构的联合培养机制。人工智能工程技术人员的培养肯定不能仅限于学校教育，而应该融合企业、科研机构和人才自身的发展规律，力争为培养对象提供较为完备的"政用产学研"协同联动的多源异构机制，主动让学生跳出舒适区，培养全新的职业适应能力和创新能力。

最后，人工智能工程技术人员的专业培养体系，还应该关注学生德行与能力的并重，促进学生的全面发展。当前，我国正在大力发展素质教育，不断地克服应试教育的各种弊端和短板，原本那种只重视学生智力发展的教育模式，在新职业背景下显然已经不适用了。人工智能工程技术人员这项新职业，是一个将解决问题与贴心服务相结合的职业，它需要的人才应该是具备卓越的人格品质和独特智慧眼光的人，而不是一味地追求和专注于解决某几项特定任务的人。

三、从产业宏观到就业微观：透视人工智能在社会中的深度渗透

在人工智能时代，与人工智能相关的产业不断涌现，主要分为两大类：第一类是产业智能化，代表的是传统产业的智能化升级和改造；第二类智能产业化，这类产业主要是围绕人工智能技术的研发和应用而展开，由自主研发、知识产权智能成果的落地与转化为主要特点。总的来说，无论是第一类产业，还是第二类产业，都可以直接称之为"智能产业"，虽然两类产业的表述相近，但能直接对其进行宏观层面的概括。

换言之，智能产业是指直接与人工智能技术相关的产业，是人工智能技术得到发展以后出现的新的社会分工的产物，它会随着人工智能技术的不断发展而深化演进。当智能产业发展到一定的阶段之后，整个产业链将催生新的价值链，此时就需要众多的知识型、复合型和技术型人才将其转化为实际的产业收益——社会分工的内在驱动力。

所以，从微观层面来看，智能产业的发展变革，需要无数人为之奋斗，如果具体到每个独立的个体，就能直接从其身上感悟到时代的变化对一个劳动者的影响和塑造。同样的道理，当宏观智能产业需要不同类型的从业者对其进行经营时，与之相关的社会分工与产业协作也在各个具体的细分产业中不断地渗透和深化，在塑造着社会的每一个领域。

从目前来看，对于人类社会而言，人工智能技术对每个领域的渗透已经形成了合围之势，即便是非常传统的产业，也在其周边的产业生态智能化之后相继开始进行智能化改革。所以，人工智能在社会各领域的深度渗透已经表现得尤为明显。

（一）人工智能在金融领域的渗透

随着现代化进程的不断加快，越来越多的新技术在这个过程中悄然而生，甚至引领着现代化的发展方向，信息技术的发展引领现代化朝着信息化的方向发展，而智能技术的出现，又重新引领现代化朝着智能化的方向发展。但值得注意的是，无论是何种技术的诞生与发展，其在社会中渗透的广度都建立在金融领域中渗透深度的基础上。原因在于，一项技术的发展及其向社会的深度渗透，需要巨大的人力、物力和财力的支持，而在这三种"力"中，从金融领域中涌现出来的巨大资本所化生的财力，可以在很大程度上直接带动人力和物力，甚至可以直接引领市场航向。也就是说，在很多社会场景中，都要关注金融在其中所占的比重。

从目前来看，人工智能在金融领域的渗透，最初表现为各个金融机构的裁员行为。受到人工智能技术的冲击，以及全球金融风暴的影响，很多金融机构正在不断裁减员工，多家金融机构主动公布或被曝出裁员消息，纷纷加入全球大型银行"裁员潮"。其中，意大利裕信银行（UniCredit）宣布裁员8000人，关闭500家网点；德意志银行计划到2022年裁员18000人，将会放弃投行业务中的很大一部分；英国最大的银行之一巴克莱银行公布，公司将裁员3000人，约占2018年年底员工总数的3.6%等。经过研究和总结发现，金融机构裁员主要是通过两种方式，一是直接裁员，二是间接裁员。直接裁员，是指金融机构经过考核后，直接淘汰绩效靠后的员工；间接裁员，是指金融机构通过降低工资、年终福利等，达到"逼走"部分员工的目的。为什么人工智能在金融领域的渗透会导致金融机构的"裁员潮"？

对于这个问题，可以从几个方面去考虑，一是人工智能技术作为金融机构员工的形象出现，其在服务能力和水平方面具有领先优势，从而使大批员工被替代下来。二是人工智能技术作为金融业的结构性变革力量，直接从底层变革整个金融行业的运作模式，信息化、自动化和智能化已成为金融领域的趋势或现实。三是"信息互联网"向"智能互联网"过渡和转变，人与人之间、人与金融机构之间的互动，也从"信息"维度过渡到"智能"维度，在技术属性增强的同时，也预示着裁员的必要性，也就是企业员工的迭代造成的"裁员"问题。

所以，人工智能的渗透和蔓延，其实已经不断地从以上三个方面对传统的金融机构进行"换血"和"造血"，而企业的劳动者（员工）作为价值的主要创造者，自然会首先遭到冲击。但不得不说，从企业的角度来看，"裁员潮"似乎是利大于弊。企业是以营利为目的的经济组织，金融机构作为企业的一个种类，自然无法摆脱自身的"宿命"，其本质决定了它必须为自己的生存考虑，其次才是发展。那么，在人工智能时代，由于各种智能技术在金融领域的渗透，以及这些技术本身就具有替代人类智能的属性，所以在整个金融市场环境中，岗位的"无人化"趋势特别明显。毕竟从长远来看，智能机器的成本要比人工低很多。更可怕的是，智能机器能够全天工作，除了必要的日常维护和升级之外，其可以将所有时间都投入工作过程中，极大地提高了工作效率，而且降低了岗位成本，提高了相应的收益比。此外，最令人类员工没有竞争力的体现是，这些智能机器在某些特定领域可以完胜人类，而且可以从事某些仅依靠人类员工无法有效完成的事情。例如，对于相对棘手的信息安全、风控反欺诈、资产管理和客户评估等方面的问题，由少数专家"组织"智能机器来完成，在效果上会更令人满意。

（二）人工智能在智慧城市建设和治理中的渗透

近年来，人工智能在各个领域的应用不断趋于成熟，基于人工智能的社会应用方案不断涌现，为各行各业的发展和治理带来了新的希望，智慧城市被提上建设日程。历史长河缓缓流淌至今，城市的发展已经经历了数种形态。但在变换形态的过程中，都存在治理层面的危机，正如中华人民共和国成立初期一样，在从农村转移到城市的发展战略中，一切问题都是新的，需要重新去认识和理解。同理，在智能时代，智慧城市同样是一种新的城市形态，从信息时代、大数据时代到智能时代，智慧城市在建设过程中无疑会遇到很多发展难题，特别是工业与信息业交替发展的信息时代与大数据时代的城市迅速推进数据化，由于技术本身的局限性，导致很多城市问题亟待解决。因此，在智能技术突飞猛进发展之际，应借此机会思考城市治理之道。

要理解人工智能在城市建设中的应用，首先要熟悉"智能赋能"的意蕴，因为"智能赋能"是应用的基础。智能赋能是技术赋能的一种，是指借助一定的智能技术手段，赋予一定对象符合目的的运动的能力。由此说来，智能时代的城市建设一定少不了智能技术的参与，而这正是源于智能技术本身的价值与优势。

智慧城市，是指以物联网、大数据、人工智能等新一代信息技术为基础的城市形态，以期提升城市的运营能力和可持续发展能力，改善或消除城市环境对人的排斥性。智慧城市发展至今，共经历了三个阶段：智慧城市 1.0、智慧城市 2.0，以及正在到来的智慧城市 3.0（见表 5-3）。

表 5-3 智慧城市的历史变迁

阶 段	特 征
智慧城市 1.0	智慧城市 1.0，是智慧城市建设的最早期，这个时期的人们在规划建设智慧城市时，主要从单个板块入手，各种规划政策还不成熟，智慧城市的形态可谓"只见树木不见树林。"这个阶段，数据的分散与数据孤岛问题，成为阻碍城市治理的两大因素。按照智慧城市网的专业解读，智慧城市 1.0 主要解决的是各个行业、各个部门在垂直领域更加专业、更加精细化管理的问题。例如，在交通领域，交管部门、运输部门通过应用更多技术，包括射频识别技术（RFID）和新型智能摄像头等，能够解决交通管控的问题。因为智慧城市是一个复杂的系统，所以存在数据的分散、数据的孤岛，投资也比较分散，缺乏统筹规划❶

❶ 智慧城市 3.0 与 1.0、2.0 有什么区别？[EB/OL].（2017-05-30）[2020-09-20]. https://www.zhihuichengshi.cn/XinWenZiXun/33885.html.

续表

阶 段	特 征
智慧城市 2.0	智慧城市 2.0,是在智慧城市 1.0 的基础上发展起来的更高一级的城市形态,在这个阶段,智慧城市建设的宏观规划已经成形,各种数据孤岛的问题开始得到解决,各个独立板块的数据开始向城市管理中心转移,从而形成城市大数据。但本阶段的城市治理有一个显著的特征——治理的人工化,各种数据的采集、汇总和分析,都有赖于人工。所以,在智慧城市建设的过程中,需要各个部门的工作人员积极参与其中,并时刻保持高效运转的状态,才能部分实现城市运行的智能化,而且,处于这个阶段的智慧城市,经过多道加工工序,很多数据其实已经丧失了它的及时性价值,严重影响了后期数据价值变现的效果。更加值得注意的是,对于智慧城市 2.0,基础的城市应用有赖于人工专家进行数据的处理和分析
智慧城市 3.0	在智慧城市 3.0 时代,城市建设已经进入成熟期,相关的智能应用普遍开始关注群众的个性化需求,且应用过程展现出显著的系统化与智能化特征。在这个阶段,智慧城市的治理主要是靶向治理,人们的需求也是"点对点"供给。动态的数据闭环回路,精准而个性的管理模式,局部与整体的有机协调……

　　智慧原本用来形容人的聪明才智,但现在被人们用于形容城市建设,自然带有城市建设的人文色彩,人们希冀借此新技术所带来的契机,赋予人们世代生存的城市时空以智慧。届时,相对于传统的城市形态,整个城市的基础设施、公共服务、城市运作、公共管理等领域都将得到更多的运行"智慧",将会给人们的生存、生活与发展提供更为智慧和舒适的环境与条件。

　　基于如上的美好期待,将智能技术与智慧城市建设进行结合的尝试自然会吸引无数企业投身其中,相关政府部门也会对此给予高度重视。2010 年,在 IBM 公司提出要建设"智慧的城市"这一目标后,"智慧城市"的概念得到了进一步的界定,截至目前,全国各地都已经全面开始建设智慧城市。那么,智慧城市的建设又是如何与人工智能技术相结合的呢?

　　在回答上述问题时,需要回到智慧城市的概念界定领域,全面了解智慧城市的真实面目。智慧城市的建设,本质上是要建立新的连接,即借助智能技术实现新的连接,包括城市中的人、家庭、社会组织、交通枢纽等之间的相互连接。智慧城市的建设过程，往往是对各种现实的物理空间不断地进行虚拟化与仿真化的领域延伸，试图利用智能技术实现城市物理时空局限的突破，让生活于城市中的每个人都能体会到这种新的连接的存在，也就是"智慧"的存在。

只要把这种新的连接建立起来，消解人与人、人与物之间相互隔离的状态，让智慧城市的参与者切实地感受到智慧的存在，智慧城市的建设便达到了一定的智慧水平。所以，建立连接便成为人工智能技术在智慧城市建设中的一个核心方面，总的来说，这个方面的最终努力方向是用技术方式反映人类的社会属性，并提高这种社会属性的"强度"和"柔韧度"，从而达到人际和谐、人机和谐、人与万物和谐的智慧城市之终极意蕴。

为了达到此目的，国内"三巨头"企业（阿里巴巴、腾讯、百度）都开始涉足智慧城市领域，阿里云、腾讯云与百度云均已上线，并面向各自的服务领域开启了"城市大脑"的相关研究，从目前的市场情形来看，各家的"城市大脑"在智慧城市建设中的应用已呈现"三分天下"之势，共同助推国内智慧城市的发展进程。提到"城市大脑"，自然要提及它的基础技术——人工智能技术。BAT 公司之所以采用"城市大脑"这个词作为智慧城市建设的一个切入点，是源于人类大脑的特殊性，人类大脑能够处理多种任务，包括观察环境、分析问题和解决问题等，具有管理、决策与执行等众多功能。因此，"城市大脑"的功能与效用可见一斑。

"城市大脑"，是指一个城市的信息集散中心，通过运用"城市大脑"，整个城市的运行状态将得到清晰的技术化呈现，而人工智能技术就是这个"脑"，换言之，智能技术是智慧城市的"智慧"来源。通常情况下，建立一个"城市大脑"，需要对整座城市中气象系统、企业系统、交通系统、医疗系统、教育系统、政府系统等各大系统的数据进行智能整合，最终基于这些数据形成一个互联互通的协同共治网络，也就是一个基于智能技术的城市"复杂巨系统"，以强大的平台为载体，映射整个城市的实际运营状况，并实时、动态地反馈每个系统构成要素的流变性，实现城市的技术成像。因此，智能技术在智慧城市建设中的另外一个应用便得以呈现——基于传统的数据连接，实现城市动态数据分析的系统化与智能化。

基于智能技术的"城市大脑"，能够对散布于广阔的城市时空中的数据进行智能化连接，并能找到各种数据之间的内在关系，从而针对各种内在关系网络进行不同的模型建构，形成关于智慧城市的有序映射网络。如此一来，现实的物理城市便被压缩成一个虚拟的知识图谱，原封不动地展现在"城市大脑"之中，城市的所有参与者将从其巨大的便利中"各取所需"。总而言之，人工智能在智慧城市中的应用，主要体现在采集城市数据、实现数据连接、建立城市大脑、产生城市智慧四个方面，在其应用过程中潜藏着巨大的应用价值和治理价值。

将人工智能技术应用于智慧城市建设具有重大的价值，包括有利于提高公众的城市建设参与感、提高城市安全感、实现基础设施智能化、促进城市产业转型升级、构筑城市管理新能力等。

1. 提高公众的城市建设参与感

智慧城市的成功建设，有赖于社会公众的积极参与。在传统的城市建设过程中，很多基础设施的建设与城市公共决策，都是城市的高层管理者根据自己的"经验""地位""团队意见"进行决策，或者采用抽样的方式间接地获取一些城市的建设经验，至于城市中的社会公众，则没有机会参与其中。但在智能时代，这种状况正在发生改变。

智能时代的智慧城市建设，由于人工智能技术的介入，社会公众的参与感正在不断提高。智慧城市建设，在本质上就是将现实的物理城市进行技术呈现，在呈现的过程中自然要反映智慧城市主体的需求，也就是广大社会公众的需求。在智慧城市的建设过程中，通过借助人工智能技术，可以建立相应的需求反馈平台，从而呼吁社会公众参与到智慧城市建设的各个环节之中。引导公众参与的环节具体包括智慧城市的建设情况监督、智慧城市的财务情况、智慧城市建设的近期计划内容、智慧城市建设过程中可能会给居民带来的不便、智慧城市建设是否达到既定目标、智慧城市建设的后期效果反馈，等等。智能时代，通过特定的智能渠道，如新闻媒体、网络社区、微信公众号、微信群等，实现智慧城市建设的全过程参与，覆盖智能城市建设的全过程和全环节，大大提升了社会公众的智慧城市建设参与感和获得感。

智慧城市建设的核心仍然是"以人为本"。借助人工智能技术，提升智慧城市建设的公众参与感，能够有效反映城市"以人为本"的人本主义核心价值观。人作为城市的主体，是智慧城市所要服务的基本对象，而公众通过广泛的智能渠道充分参与智能城市建设的全过程，自然更有利于其反馈自己对智慧城市建设的需求和理想，在需求得到满足之后，社会公众的主人翁地位得到承认，更有利于后续的城市管理，正所谓"人人都是参与者，人人都是管理者，人人都是受益者。"

2. 提高城市安全感

城市是一个复杂的生态系统，由于人口众多且密集，传统的城市形态存在巨大的安全隐患。究其根源，这些安全隐患源自监督网络的不健全，众多安全事故的制造者并未受到相应的惩戒，从而间接地激发了肇事者的"勇气"。

然而，值得庆幸的是，由于人工智能技术广泛地与城市建设相结合，这种不安全的城市环境正在得到改善。基于智能技术的智慧城市之所以能够提升公众的安全感，是因为智能技术可将城市的各个角落进行"曝光"，对于那些可能存在安全隐患的场所，可以进行全面的智能布控。智慧城市的安全感是智能技术赋予的，它通过特定的方式形成了覆盖整个城市的智能监控网络。例如，在智慧交通系统中，由于智能技术的广泛应用，从"疏散"与"监督"两个维度减少了交通安全事故，疏散主要是通过技术引流的方式，避免过多车辆的过度集结而导致交通拥挤；而监督主要是从智能交通的监控网络入手，提升整个交通网络的覆盖面和监控的精准度，建立线上、线下的交通监控网络，使违规车辆受到有效管制，从而减少人们出行的安全担忧。此外，城市安全网络，包括政府天网、校园监控、家庭监控、社区监控等监控设备，目前已经覆盖城市的各个角落，安全事故肇事者将无处遁形。此外，很多智能安全网络平台的出现，也在助力城市安全网络构建。例如，基于人脸识别技术的"QQ全城助力"作为腾讯公司的一个公益项目，从成立至今已经协助警方找回300多名失踪儿童。

因此，在智能时代，人工智能在城市安全治理中的价值日益凸显，它通过"技术透明"的方式，实现了智慧城市的安全网络全覆盖，极大地减少了城市环境中的非安全因素，提升了整个智慧城市的安全感。

3. 实现基础设施智能化

智慧城市建设的智慧程度并不是直接由智能技术带来的效果，而是在建设初期，借助智能技术赋能设备，从而提升城市基础设施的智能化水平，只有城市基础设施的智能化水平得到提升，才能直接促进智慧城市的智慧得以有效发挥，也只有这样，智能技术的价值优势才能在智慧城市建设中得到有效运用和转化。在智慧城市建设的早期，智慧城市的运行缓慢，在很大程度上就是受限于基础设施的智能化水平。

人工智能发展到今天，其在智慧城市中的应用已经非常成熟，在本质上，就是因为很多智慧城市建设的激励政策不断地刺激其基础设施的智能化改造和升级，具体的城市智能化改造项目包括城市道路交通网、能源供应网、城市照明网、城市网络通信设备等，总体改进目标都是围绕智能化而进行。所以，自然能够从根本上提升城市基础设施的智能化水平。

4. 促进城市产业转型升级

将人工智能技术应用于智慧城市建设，有利于促进城市产业的转型升级。其主要从三个方面发挥作用：

一是变革传统产业。智能时代的城市企业"倒闭潮"和"搬迁潮"深刻地反映出智能技术的入侵所带来的变革的影响，尤其是对传统产业的影响。一般情况下，在新的社会技术出现时，很多传统产业会迅速利用自身的资源优势引进先进技术，改造生产过程，实现生产与制造流程的"再造"；但部分保守的企业并不相信新技术的强大颠覆力量，而是一味地坚守固有的阵地，等到新一轮的产业不断涌现时，这些企业已经失去了最佳的发展机遇，最终，等待它们的只能是"希尔斯"那样的结局。所以，在这种市场的自由竞争下，"适者生存"法则自然而然地会对城市的传统产业进行迭代和更新。

二是孵化智能产业。在智能新时代，正值时代转型之际，是产业变革的巅峰时段，通俗地说，这是一个创业的风口，是一个创造财富的绝佳契机。事实证明，现实就是如此，在 2016 年之后，关于产业智能化与智能产业化的消息频出，且绝大多数智能产业都生存了下来，包括很多智能门禁、智能电表、智能教育辅导机构等。与此同时，专门孵化智能产业的企业也随之出现，在"大众创业，万众创新"的创业新时代，各种社会生产要素不断地向智能产业倾斜，众多人工智能产业孵化器相继在各个省份成功落地。智能时代，智能产业的孵化并不止于此，而是已经形成一个围绕"政府—企业—高校—金融—政策—服务"等领域的交融发展格局，"政—用—产—学—研"的产业闭环已经成形，目前正在以人们意想不到的速度迅速孵化出大批智能产业。

三是催生智能服务业。传统产业的智能化转型升级与智能产业的孵化，必然会引起整个智慧城市的产业智能化变革，因此，智能服务业也就随之产生。在未来，催生智能服务业有三个方向，其一是相关智能产业的服务需求，刺激智能服务业的发展；其二是智慧城市的产业转型与升级，城市服务业成为主要产业，从而刺激智能产业的发展；其三是人工智能技术创业公司的关注，不断用智能服务新产品推动城市智能服务业的转型发展。由此可见，智能技术促进产业变革，不仅是促进传统产业的智能化变革，还包括智能产业的孵化与智能服务业的诞生，从而在整体上实现城市的产业智能化。

5. 构筑城市管理新能力

基于人工智能技术而建成的智慧城市，正在构筑城市管理新能力。与以往的城市管理相比，智慧城市的管理变得更加智慧。在大数据时代，城市的管理者需要对数据进行人类智能的分析与处理，这无疑加重了管理者的管理负担；而在智能时代，是对一种以数据为基础建立起来的模型的管理。从根本上来说，以上两种管理模式的本质区别在于"局部管理"与"全局管理"、"数据管理"与"模型管理"之间的区别。智慧城市的建成，意味着整个管理网络将被人工智能管理网络所代替，管理者将会得到极大的解放，管理者将会有更多的时间和精力投身于创新城市管理模式工作中去，从而达到不断提升智慧城市管理能力的目的。同时，管理者将有更多的空闲时间去研究管理网络本身所存在的漏洞，然后迅速对其进行完善，这无疑能降低管理的错误率。从某种程度上来说，将会促成整个管理范式的转移：从被动式管理向主动式管理转变，整个管理模式趋向于"预测"和"干预"，而不是传统管理模式中的"控制"。从最终的结果来看，人工智能赋能智慧城市管理，将有助于实现城市治理体系和治理能力现代化，从而全面提升城市的格局与城市主体——人的格局。

(三) 人工智能在社区治理中的渗透

随着城市化进程的不断加快，城市的问题和疑难杂症越来越多，城市中的社会问题更是复杂多样、层出不穷。经过分析研究发现，目前很多城市问题的解决方式，需要在城市的社区中寻找答案，但值得欣慰的是，虽然人工智能技术与社区问题的解决方案之间看似联系不大，但实则不然。至少从目前来看，人工智能技术在社区中的应用已经开始变得广泛。例如，将人工智能技术应用于社区安全、社区消费圈、社区养老和创建社区治理平台等领域。

1. 人工智能与社区安全

人工智能技术在社区安全领域的应用，旨在提升整个社区的安全能级，让所有社区成员能够享受更为安全舒适的社区生活。事实上，由于社区安全问题直接关系到社区成员的生命财产安全，所以在传统的社区治理中，该问题一直都被摆首要位置。传统的社区安全治理，囿于技术的落后与技术设施的局限性，导致传统社区存在很多安全隐患，包括社区抢劫、社区偷盗、社区群体性事件、社区火灾、基础设施损坏等。无论是哪种安全隐患，都会在无形中危及社区成员的生活，从而扰乱人们的正常生活秩序，严重时还会危及人们的生命财产安全。因此，借助人工智能技术变革传统社区的安全治理工作，具有重要的价值与意义，直接关系到居民的生命安危与生活质量。

通常情况下，借助人工智能技术创新社区安全治理模式，主要是构建覆盖整个社区的安全网络。该安全网络可以全面监察社区的安全问题与潜在的安全隐患，从而达到揭露社区安全秘密与曝光社区整体环境的目的，以期将安全元素送到每个社区成员的家庭中，从而有效提高社区安全感。智能社区安全网络，将全面感知整个社区的人员流动状态，全域覆盖的安全网络以人为核心，在各个人员流动出入口进行智能身份验证，包括社区出入口身份验证、社区居民楼底层入口身份验证、乘坐电梯身份验证、家庭门禁身份验证、社区购物场所身份验证等，且各大身份验证场景都会与智能安全网络平台进行实时对接与互动，安全网络平台将依靠新一代人脸识别技术，以人脸验证模式全面构建社区成员的运动状态。同时，对于社区的所有场域，将全面实现监控无死角布控，所有进入社区领域的人员都要经受安全网络的监督和身份验证，陌生访客到访需要备案留底，极大地提升了社区安全保障能力。

截至目前，人工智能技术在社区安全治理工作中发挥了重大效用，深受各社区治理主体和治理对象的欢迎与期待。目前，上海市宝山区大场镇借助人工智能技术实施"雪亮"工程，建设社区高空鹰眼，形成"视频网"和"感知网"两张网，极大地提高了社区的安全治理能力。其目前已经在三个方面取得了显著的治理成效：一是对全镇所有小区视频监控进行联网全覆盖，高清摄像机覆盖112个小区，数量超过1.2万个；二是完成了605路智能人脸识别抓拍摄像机的安装，全镇刑案总量同比下降61%，48个村居实现"零发案"；三是补齐住宅小区技防物防设施短板，部署物联感知设备，实现智联门、禁停区域地磁检测、消火栓压力检测、井盖检测、烟雾报警、水质检测、噪声检测、智能水箱门磁、红外感应、燃气检测、垃圾桶满溢检测、一键呼救、体征检测等 20 多种物联感知设备传感器，有效地提升了基层治安防控能力。❶

2. 人工智能与社区消费圈

人工智能嵌入社区治理体系，真正实现了社区生活的"足不出户知天下""衣来伸手，饭来张口"。社区治理工作需要涉及社区成员生活的方方面面，而社区消费圈便是最为重要的一环。在智能时代，很多人在衡量一个社区的舒适程度与便捷程度时，都喜欢以"买菜"为例，对于买菜方便的社区，人们在与那些买菜不方便的社区成员进行交流时，通常会露出更多满意的神情。但智能技术似乎正在改变买菜的方式，因为很多人工智能卖菜的场景逐渐涌现，进而颠覆了人们的认知。如今，在很多社区的周围，都可以依托智能设备来"卖菜"和"买菜"，从而满足人们对基本生活用品的需求。

同时，社区的智能物流网络可以帮助社区成员实现在家静待包裹的到来，由于社区的安全网络高度安全，社区的物流派送人员完全自由地通行于各家各户的门口，实现了送货上门，部分不在家的成员还可以让物流管理人员将其快递寄存于小区的智能物流柜中，回到社区后再领取，安全且便捷。此外，内置于社区的智能购物售卖机，将在很大程度上解决人们的刚需问题，在楼下便可进行智能支付与购物……

因此，人工智能与社区消费圈的嵌套与融合，实则是在变革社区零售网络，用户直连商品的智能零售模式的价值得到呈现。最后，需要注意的是，社区消费圈智能化的终极目的并不是让人们"宅起来"或者"足不出户"，而是为人们提供更为多元的生活解决方案，使人们对生活更加具有选择权，生活将变得更加舒适和便捷。

---

❶ 陈煜婷. 社会治理智能化视域下的智慧社区探索［J］. 党政论坛，2019（11）：45-49.

3. 人工智能与社区养老

社区养老，是与居家养老、机构养老齐名的一种养老方式，从目前的养老结构层面解构，社会正在形成一种以居家养老为主、以社区养老和机构养老为辅的养老格局。每一种养老方式都各有优点，也各自存在不足。在社区治理者看来，目前的社区养老正在与居家养老一起成为老年人优先选择的养老方式，实现了居家养老与社区养老的优势互补。在智能新时代，最先将人工智能技术引入养老领域的是智慧养老平台，通常能给社区养老带来革命性的变化。智慧社区养老模式发展至今，新的养老内涵与外延正在不断得到延伸。

在智能技术与智慧社区进行融合之后，智慧社区养老平台的"智慧"程度得到进一步提升，因为平台的运营与管理全部基于数据，而不再基于那些直接与老年人互动的专业人群，智慧社区养老便更具客观性与价值性。2017年12月26日，阿里巴巴公司首次将人工智能技术与养老领域相结合，成功地将北京普乐园爱心养老院打造成全国首家智能养老院。在该社区智能养老院中，老人们可以享受众多智能养老服务，包括各种智能穿戴设备、智能遥控器等。通过使用智能开关、无线摄像头、精敏智能传感器、智能灯泡、智能电视等设施，该养老院的老人能够轻松地实现对环境的控制。值得注意的是，该养老院的老年人不需要懂得很多智能知识，只需要熟悉一些简单的唤醒智能服务设备的规则即可。据了解，在智能技术介入之前，社区养老平台存在很多问题，如老人与其子女沟通不足、养老服务专业队伍匮乏、老人失联等，导致社区养老在精神慰藉、紧急救助、医疗保健、经济支持等方面存在不足。

借助智能技术创新社区养老模式，有利于解决上述问题。借助人工智能技术，每位老人都有属于自己的智能穿戴设备，这些设备能够监测老人的身体健康状况，向智能养老平台实时汇总动态的身体数据，并能够对异常数据进行警告与信息反馈。与此同时，这些设备还能够精准地反馈老人的地理位置，轻松地解决了老人迷路的问题。从情感慰藉角度出发，智能社区养老平台将借助智能养老服务机器人，全天候地陪伴老人聊天，相较于繁忙的家庭子女而言，在未来的社区养老环境中，智能机器人将在情感慰藉方面弥补家庭情感慰藉的不足。更为直接的描述，智能机器人将成为未来老年人群体的最佳伴侣。智能手机、智能机器人、智能穿戴设备等养老服务产品，不仅可以加强老年人与家人的沟通互动能力，还能满足老年人的爱与归属的精神需求，同时可以满足老年人紧急救助等特殊需要，在很大程度上减轻了社区养老的压力。由此可见，智能新时代的社区养老模式的创新，将从技术维度弥补传统社区养老的功能缺陷。

总的来说，人工智能技术在社区养老领域的应用，主要是通过一个智能平台、多种智能设备、多方人际网络连接的方式来实现的，将老年人的生活状态与家庭、社区以及医疗系统进行挂钩，从而可以避免很多危险。借助人工智能技术，整个社区养老将变得更加智能化与个性化，老年人的养老问题也将得到更多的关注和支持。

4. 创新建设智能社区治理平台

党的十九大报告指出，"要加强社区治理体系建设，推动社会治理重心向基层下移，发挥社会组织作用，实现政府治理和社会调节、居民自治良性互动"。由此可见，社区治理不仅关乎国计民生，还关乎老百姓的生活"五感"，更关乎老百姓的美好生活是否能够实现，以及社区发展成果能否由社区成员共同享有。因此，在面对传统社区的诸多治理困境时，亟须借助人工智能技术，重新创建智能社区治理平台，以期提升社区治理的能力和水平。

在构建智能社区治理平台之前，有必要区分依托现实社区而构建的虚拟社区与纯网络空间中的虚拟社区，这是认识智能社区治理平台的重要一环。创新建设智能社区治理平台，是基于现实的物理社区和已有的虚拟社区平台而进行的改造与迭代。简单来说，智能社区治理平台的建设，是现实物理社区的直接映射，是社区的治理主体将系列的治理活动搬运到平台上进行。然而，纯虚拟社区并非如此，它更多的是建立在某种虚拟关系的连接上，虚拟社区中的各种既存关系网络在线下很少有链接。因此，从两者的关系来看，要想创建智能社区治理平台，首先需要彻底地理顺现实物理社区中既存的关系网络，只有将现实物理社区中的各种复杂关系网络精准地映射到虚拟社区，才能在智能社区治理平台有效地对整个社区的"症结"进行消解。

所以，总的来说，智能社区是虚拟社区的一种，但该虚拟社区的构建，是作为治理物理社区的一种手段。因此，即将要搭建的社区治理平台将更多地考虑现实社会中的社区治理问题，至于虚拟社区的治理，将作为一种手段出现，而不再以治理的对象存在。

由上面的讨论可知，所谓智能社区治理平台，是将现实的物理社区通过技术手段（如数据孪生等）精准地映射到特定的虚拟空间中而构成的场所，借鉴智慧城市建设的核心为"城市大脑"的经验，可将智能社区治理平台的核心命名为"社区大脑"。事实上，"社区大脑"的建设将成为智能社区治理平台的重中之重，更有甚者，直接将智能社区治理平台等同于"社区大脑"，但无论从哪个角度来说，都有其合理性。从覆盖社区成员的需求层面来看，智能社区治理平台应该涵盖社区安防与社区服务两大主功能模块。

社区安防，具体包括智能门禁、防盗警报、刷脸认证、智能危险预警等。社区服务，具体包括社区医疗服务、社区政务服务、社区志愿服务、社区物业服务、社区环境服务、社区物流服务、社区智能教育、社区养老服务、社区休闲服务等，以及与之相关的基础设施建设。总的来说，智能社区治理平台，将借助人工智能技术全面映射整个社区的物理空间数据，包括人口数据、地理信息数据、建筑结构数据、基础设施数据等。其涉及的数据将会非常详细，例如，智能治理平台需要录入人口数据，将会覆盖社区成员的家庭住址、个人联系方式、性别、年龄、婚姻状况、工作与职业、文化水平等，届时，依托智能分析平台，便能虚拟构建关于社区成员的个人"画像"，并将从中整合出个人深层次的家庭关系网络、人际交往圈子等数据。

智能社区治理平台，主要是借助人工智能技术，延伸传统社区治理者的管理能力，将治理的整个触角拉长至社区成员的需求领域，进而以平台为依托，实现治理的个性化和精准化，以及智能化与智慧化。总的来说，智能社区治理平台一旦建成，经过智能社区数据模型的不断泛化，将有望实现"全域无死角"的新型社区治理模式。归根结底，智能社区治理平台的创建，在某种程度上来说，就是要把现实的复杂关系简单化处理，但首要的前提是，社区的治理者必须优先建立能够从极端复杂的情形中精准映射物理社区的智能模型。从目前的智能技术来看，创建这种模型已经不再是难事，因为相比较于智慧城市治理模型，智能社区治理模型要简单得多。

但关键在于，社区治理模型是否能够被无限制地复制与借鉴，因为智能社区治理平台的创建常常不是以营利为目的，更多的是从政府的维度，关注社区的治理与整体秩序的和谐。如此说来，创建智能社区治理平台，需要从绝大多数物理社区中寻找治理的共性，从而构建一个能够被迅速推广和使用的社区治理模型，以免造成不必要的社区资源浪费问题。

总的来说，无论是将人工智能技术应用于社区安全、社区消费圈、社区养老，还是应用于创建社区治理平台等领域，都是如今的市场将智能技术应用于社区的应用场景的体现，在这个过程中，将会创造出无数个工作岗位。一方面，社区通过运用智能技术打造"三公里"就业圈，如合肥市庐阳区"互联网+智慧社区就业"模式为当地社区的很多居民解决了就业问题。另一方面，在将智能技术与社区治理进行融合的过程中，也需要大量的专业技术人才。例如，社区的智能环境、智能招商、智能教育、智能生活、智能安全、智能服务、智能楼宇、智能停车和智能分析等都需要相应的智能型人才对其进行研发、运营和维护等。而且从目前来看，这种智能趋势将会继续发展下去，只要发展完善，社区就会形成一个完整的生态链，生产、消费和服务等各种活动都可以在社区内完成，人工智能技术在社区范围内的应用将彻底爆发。届时，智能社区的发展将会是完整的"平台+服务+硬件+软件"模式，一个千亿级的市场正孕育其中。

CHAPTER

第六章　技术与医术：
新冠病毒感染疫情下的人工智能
应用与医生职业

在新冠病毒感染疫情防控工作中，人工智能医疗从导诊、问诊、确诊到急诊都得到了应用。在后疫情时代，公共卫生行业面临重新定义，医生应成为人工智能医疗的参与者、实践者乃至创新者，在快速的智能技术变革中干出自己的一番事业。

抗"疫"超限战：人工智能的敏捷开发和高速应用

医疗的转型：人工智能让人重新活了一次

医疗人工智能和医生的有趣竞争：导诊、问诊、确诊和急诊

疫情之后：人工智能对公共卫生行业的重新定义

新冠病毒感染疫情对全球政治、经济和人体健康产生了重大影响，也加重了国内的医疗资源负担。医生们纷纷走向抗疫一线，被称为"最美逆行者"；人工智能也成为"逆行者"，奋战在抗疫前线，成为医生的得力助手，发挥着重要的辅助作用。疫情之后，人工智能在医疗服务领域的发展还在继续，并可能导致公共卫生行业的重新定义。

一、抗"疫"超限战：人工智能的敏捷开发和高速应用

在此次抗"疫"超限战中，人工智能实现了全方位的疫情防控服务。在医疗研究方面，人工智能为药物筛选、疫苗研发等工作提供了有力支持；在公共服务方面，实现了无接触和人工智能红外测温；在患者救治方面，医疗服务机器人可提供药物配给、体温测量、问诊检测等服务，降低了医护人员的工作强度；在防止疫情扩散方面，利用人工智能的大数据分析技术进行患者流动追踪，防止疫情扩散。

（一）人工智能助力药物与疫苗的研发，全力应对疫情

人工智能时代的到来，使医学领域的研究逐渐向智能化方向发展，从过去以实验驱动的方式转化为目前以数据驱动的方式，为药物筛选、疫苗研发等工作提供了有力的技术支持。在过去，针对某项疾病的候选药物的筛选不亚于大海捞针，往往需要几个月甚至几年，耗资几亿甚至几十亿美元；现在，计算机与人工智能技术的结合使这一过程变得更加数字化❶，极大地缩短了病毒研究、数据检测的时间，使医学领域的智能化研究变得更加准确与高效。

在医疗研究领域中，药物研发是人工智能的一个重要应用场景，在提出假设、设计实验和分析结果中的每一个环节均可以依赖数据，甚至可以直接通过人工智能模型来完成，大大提高了研发效率。药物研发一般分为临床前研究、临床试验和上市后跟踪三个阶段。据相关数据统计，药物研发临床前研究的成功率不到 0.1%，进入临床试验的药物中仅有 10% 左右能够上市销售，药物研发周期长、成本高、成功率低成为传统药物研发的弊端。但随着医药大数据和智能技术的发展，人工智能技术逐渐被引入药物研发的每一个

---

❶ 周翠绿，李晓晖. 人工智能技术在医疗领域中的应用及其伦理考虑 [J]. 海峡药学，2019，31（10）：272-274.

阶段，解决了药物研发中的部分问题。

临床前研究是先根据化学或生物学的药物设计经验理论来确立研发靶标及新药物实体的来源方案，然后合成化合物并进行药理学、药代动力学、毒理学和处方研究，需要的时间较长且成本较高。而医疗工作人员可借助人工智能技术整合海量基因、人体代谢数据与各类医疗数据，以此寻找对特定疾病有效的化学物质组合❶，再通过机器学习算法分析药物分子的结构，准确地筛选出化合物，提高了临床前研究的效率与精确性。

临床试验环节主要是通过人体临床试验验证药物的安全性、有效性和剂量，需要精确并实时地记录试药后的情况，按照记录情况进行药物调整，但传统的病情记录可能会存在误差或遗漏的问题。而通过采用电子病历分析技术，可以自动构建病人队列，监测病人实时情况，提高了试验的准确性，为后续的上市环节提供了有力的支持。

上市后跟踪主要是通过 IV 期临床研究来理解药物的作用机理和范围，发现药物可能的疗效，补充新的剂量规格及发掘上市后的药物副作用，同样也存在人为干扰、跟踪不严谨等问题。而通过电子病历分析和多媒体数据分析等技术可以有效地发掘药物副作用，为药物的安全使用提供了保障。

（二）智能医护机器人助力辅助工作，减少医务人员感染

由人工智能算法支撑的智能医护机器人已走进多家医院，为了提高医院的运营效率、减轻医务人员负担、减少人员交叉感染，越来越多的智能医护机器人被应用在抗疫前线。人工智能医疗中的智能机器人包括医疗机器人❷、传送药物的纳米机器人❸等，其在医院各处执行着不同的任务：有的在医院进

---

❶　任耀星. 解析人工智能在医疗健康领域的应用与发展前景［J］. 信息通信，2019（12）：270-271，273.

❷　MILLER D D, BROWN E W. Artificial intelligence in medical practice：The question to the answer?［J］. The American Journal of Medicine, 2018, 131（2）：129-133.

❸　HAMET P, TREBLAY J. Artificial intelligence in medicine［J］. Metabolism, 2017（69S）：S36-S40.

行远程诊疗，宣传防疫知识；有的在疫区内进行药物配送；有的负责地面清洁消毒。智能医护机器人不仅减少了医务人员被感染的风险，而且降低了他们的工作负荷，使其能够专注于治疗病患。

人工智能远程诊疗是通过算法训练大量的样本数据，打磨出"聪明"的模型，然后通过各类医疗数据训练出一身"望闻问切"的本领，从而智能地分析病情，协助医生进行诊断及治疗工作。在新冠病毒感染重症诊疗过程中，医疗服务机器人已经成为主力军。病理科医生需要花费大量的时间，不断学习各种影像数据，才能够积累丰富的影像诊断经验，对患者进行诊疗，而人工智能机器人可在短时间内自主学习并记忆大量影像数据，在诊疗时先对影像结果进行初始判定，然后再交由医生复核得出诊断结果❶，进一步降低了医生被感染的可能性，有效地防止了人与人之间的接触所造成的疫情扩散。美国首先启用了医疗机器人进行诊疗，机器人配备了摄像头、麦克风和听诊器等设备，外科医生在稳定的网络环境下进行远程操作，实时了解病患的情况，使用机械臂高效且安全地完成诊疗手术。❷

此外，利用智能机器人还可以完成送餐、医药配送以及消毒等工作，实现"零接触"作业。智能机器人身上具有分层储物柜，可替代医护人员为隔离病房配送餐食、生活用品、医疗用品等，实现一次多单配送，充分替代了医护过程中简单但耗力的流程化工作，不仅减少了医务人员的工作量，而且降低了交叉感染的风险。此前研发出的清洁消毒一体化机器人可以自主分析医院内的复杂环境，实现自动识别驾驶，规避密集的人流，主动完成清扫任务，并实现自行喷雾消毒、紫外线消毒、空气净化等功能（见图6-1）。在完成空间消毒的过程中，不但有效地降低了医护人员在人工消毒期间的病毒感染风险，还减轻了高污染、强腐蚀的消毒产品对人体造成的伤害。

❶ 朱寿华，凌泽农，周金花. 人工智能技术在医疗健康领域的应用 [J]. 电子技术与软件工程，2020（1）：18-19.

❷ RECHT M, BRYAN R N. Artificial Intelligence：Threat or boon to radiologists? [J]. Journal of the American College of Radiology, 2017, 14（11）：1476-1480

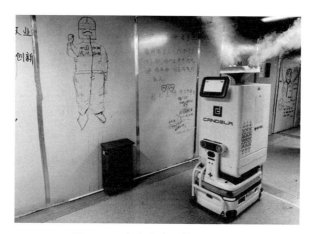

图 6-1　清洁消毒一体化机器人

（三）人工智能追踪患者路径信息，防止疫情大范围扩散

新冠病毒感染疫情的传播扩散与人员的流动息息相关，病毒携带者与健康人群的密切接触是疫情扩散的主要途径。在我国十几亿的人口基数下，普通的统计方法在复杂多变的人员流动情况下几乎完全失效，而人工智能可以利用其强大的计算能力，通过与患者进行多轮问答的方式了解其病情、追踪其行动路径，从而对其患病情况进行分析并给出后续的防疫建议。

有关部门和技术公司利用不同维度的海量数据信息，如地图数据、移动通信数据、电商消费数据等，进行人工智能对路径信息的综合建模和分析，作出有针对性的抗疫、防控决策。目前，航空、铁路、公路等交通部门会统计人们的出行数据；中国移动、中国联通、中国电信三大运营商基于手机信号数据有效定位用户位置；百度地图、滴滴打车等 App 可提供移动出行数据；淘宝、美团等电商 App 中的收货地址、移动支付数据等作为数据补充，充分实现了被感染者所到之处全程可记录、可查询、可追溯。人工智能基于以上位置数据可精确描绘手机用户的移动轨迹，再结合统计部门的户籍数据、通信网络数据等，建立确诊病例交往圈模型，搜索出当时的位置以及周边情况，通过描绘疑似人群的迁徙布局和热力图，锁定被感染者曾接触过或最有可能接触的人群范围，对风险人群流动做到最大限度的监控，并且利用官方网站、疾病预警平台、社交平台等，及时提醒疑似患病人员自动隔离，提醒相关接触人员主动防御，减少不必要的间接感染，辅助做好疫情防控工作，防止疫情扩散传播。

（四）人工智能红外体温检测，促进有序复工复产

对于火车站、机场等交通枢纽处密集的人流，传统的手持式"额温枪""耳温枪"已经无法满足安全检测与准确筛查的要求，人工智能图像识别结合红外热成像技术则能够有效解决这一问题，该技术可以在一定面积范围内对人流区域的多人额头温度进行快速筛选及预警（见图6-2），不仅可以减少检测人员被感染的风险，还可以准确地识别体温异常人员，提升了人流聚集处的筛选效率，安全、有效地促进了企业的复工复产。

图6-2　人工智能红外热成像技术的应用

复工复产人员的持续增加，不仅使各大城市的公共领域加强了人工智能红外测温技术的应用，各大科技企业也纷纷加入人工智能红外测温技术的研发中，赋能科研"战疫"，助力复工复产。百度公司研发的人工智能测温系统已经展开试点应用，位于北京北部的综合交通枢纽清河火车站，该系统允许在1分钟内让逾200人同时通过单通道并实现体温检测，其智能疑似高热报警带宽可以达到15人/秒，且一套系统可以部署16个通道，基本可以满足一

个安检口的管控需求。❶ 目前，地铁、火车站、政务服务中心等公共区域上线了人工智能测温系统，实现了精准、有效、快速筛查。可见，又快又准的人工智能测温系统不仅提升了检测与通行效率，还降低了公共区域一线工作人员被感染的风险。

二、医疗的转型：人工智能让人重新活了一次

医疗在民生领域占有重要地位，因为它直接关系到人民群众的健康和安危。长期以来，医疗行业对于人工智能技术的探索和应用一直在持续进行。随着自然语言学习、计算机视觉等人工智能技术在医疗行业的深入应用，加之新冠病毒感染疫情这一导火索，让医疗人工智能系统呈现爆发式升级，逐渐使人工智能肩负起抗击疫情的重任，并且在医疗行业的转型和重塑中也扮演着重要的角色。可以说，人工智能技术的发展将是促进医疗行业改革的新引擎。

（一）医生新工作方式的形成

随着人工智能技术的快速发展，医疗行业逐渐实现了数字化、智能化转型。人工智能系统作为医生工作助手的定位基本得到了业界共识，其为医生的工作提供辅助支持，提高了医生的工作效率，改变了医疗服务的提供方式，医生新的工作方式正在悄然形成。

利用先进的人工智能技术可以加快诊断速度，帮助医疗机构更有效地管理人群健康，在提高医疗服务效率的同时，也有助于改善医疗从业者的体验，使他们能够把更多的时间花在医治患者上，减少职业倦怠。人工智能除了辅助医生更高效地工作之外，还有助于实现医疗资源的合理配置，将医疗资源分配到最需要的地方，实现患者与医务人员、医疗机构和医疗设备之间的互

---

❶ 叶纯青. 人工智能助力多人体温快速检测 [J]. 金融科技时代，2020（2）：94.

动，逐步达到高度信息化、智能化的医疗水平。

例如，用影像人工智能初步筛选疑似病例，大大节省了医生阅读影像的时间。人工智能认知计算系统首先会给出针对影像的初步诊断和治疗方案，再由医生检查、补充和完善，最终确定诊断结果。这样，医院就能提高每天检测影像的数量，使影像科室的工作效率得到提升，从而减轻了医生的工作负荷。根据目前的试用情况，影像人工智能能够极大地提高工作效率，在正式使用之后，每年可为医院节约大量费用，对科研和教学也有很大的促进作用。所以，业界不再争论人工智能是否会替代医生，而是把人工智能作为工具和助手使用。人工智能在医疗领域的应用也将取得长足发展，实现医疗过程透明化、医疗流程智能化、医疗信息数字化，最终重塑医疗领域新业态。❶

（二）医疗业务运营方式的转型

医院在使用人工智能系统后，不仅在医生的工作方式上实现了智能化转变，同时也促进了医疗业务运营方式的转型。

目前，大型医院的门诊量持续维持在高位，加之医生的工作负荷大，对于人工智能的需求就更加迫切，加入人工智能系统的运营管理将实现智能化、网络化的运行体系，使医疗部门更加高效、准确、快速地提供诊疗服务和配置资源。所以，医疗人工智能系统的构建正在与诊疗方式的创新发展同步进行，医院、人工智能厂商以及其他医疗技术服务提供者都在做出改变，以期在人工智能发展中把握方向，并在未来转型中有所收获。

未来的医疗运营系统将由智能诊疗系统和综合服务系统联合实现智能化运营。智能诊疗系统是连接临床门诊、病房、辅助检查科室及医院医疗管理部门的网络系统❷，利用这个系统，各个科室的医务人员都能在第一时间调取病人的所有信息，并根据这些信息完成相关的医疗操作，最后将结果从终端

---

❶ 叶东蓋，陈木子. 5G时代的智慧医院建设 [J]. 中国医学装备，2019，16（8）：150-153.

❷ 廖生武，薛允莲，谭碧慧，等. "互联网+"人工智能时代医院智慧诊疗管理策略 [J]. 中国医院管理，2019，39（10）：5-8.

传入系统，这会使医院的床位周转率、手术室和各种辅助检查的仪器设备利用率等医疗指标成倍提高。

综合服务系统是连接院领导、全院诊疗管理机构、业务部门、各科室并开展综合服务的网络系统，包括诊疗方面的指挥联络、人员调配、物资供应、资源共享、远程医疗等各个方面。依靠这个系统，一旦哪里发生物资、人员的供给不足，就可以立刻上传信息给医院的管理机构和院领导，及时提供支援，使各科室、各部门之间的关系更加和谐。另外，一些需要组织全院各科室协同攻关操作的疑难危重急症的会诊救治，即使是远程会诊，也可以实现精准对接，从而能够更加便利和高效地完成医疗工作。

例如，浪潮网络的医疗智能场景化解决方案正得到越来越多医疗用户的认同。浪潮网络利用技术聚焦医疗行业，吸收业界强大的网络智能技术实力，不仅联合浪潮服务器、存储、云服务平台形成了丰富的解决方案，还通过合作与被集成的方式融入更多的智慧医疗场景中，为国内智慧医疗的建设提供更加优质的产品和解决方案，促进了医院业务运营转型。在新冠病毒感染疫情中，医院隔离区或发热门诊出现快速上线、精准检测的迫切需求，浪潮网络为医疗行业开通绿色通道，及时推出"医情可控"无线解决方案。该方案汇集现网零改动、供电模式可选、配置简单、快速上线、安全可靠等特点，快速、精准地满足了客户的业务需求。

(三) 智慧医疗产业的诞生

医疗人工智能的发展趋势愈来愈迅猛，但智能医疗资源的开发地区分布不平衡，这也是"智能+医疗"应用范围较小的一个原因。目前，国家已经开始大力推动智能医疗的应用，最终会实现智能医疗的产业化、普及化，形成全新的智慧医疗产业。

智慧医疗产业是一个新的产业，会体现信息化、智能化带来的产业融合新趋势。当智能技术应用发展到要求相关行业进行信息技术之外的配套改革的地

步时，通过改变产业结构和产业运行规则，最终将实现产业的创新与变革。❶

受资本、人才、政策等的影响，人工智能研究产业主要布局在北京、上海、深圳、广东等经济发达省市，形成了以北京为核心，以上海、广州、深圳为重点城市的地理布局，人工智能产业园区的集聚分布也是以北京、广东、上海为主。对于湖北、湖南等地区，人工智能产业相对较少，发展也较为缓慢。

基于此，医疗产业智能化发展已经开始。企业、医院和政府的支持以及智能医疗应用的转化落地，都会推动智能医疗产业的快速发展。目前，政府已经制定出一些针对智能企业发展的福利政策，开始支持人工智能在疾病诊断和治疗中的应用，鼓励人工智能在医疗领域的试点应用，构建企业与医疗机构长效合作机制，"产学研用"全方位推进，实现医疗人工智能企业与医疗的深度融合。

除了政府的财政支持，企业也积极推进智能医疗应用的转化落地，并在实际"战疫"中加以应用。就目前来看，人工智能产品已经能够配合医生提高诊断水平，降低工作负荷，同样的人员配备能够将更多的精力投入科研中，创造更大的医疗价值，这在无形中为医院节约了更多的资源。可见，符合条件的社会力量或企业已经在我国医疗行业发展中起到了重要的作用，医疗机构与企业合作开展的一些临床研究项目也取得了突破性进展。疫情过后，相信资本对医疗人工智能行业的发展会更有信心，智慧医疗产业将会有一个非常不错的发展前景。

三、医疗人工智能和医生的有趣竞争：导诊、问诊、确诊和急诊

人工智能与医疗的结合，无论是在导诊、问诊、确诊还是急诊方面，都

---

❶ 智勇，段宇. 智慧医疗产业结构及发展现状探析 [J]. 现代管理科学，2015 (9)：52-54.

能实现医疗效率的提高、群众医疗成本的降低以及诊治慢性疾病和常见病的便捷化。实际上，人工智能并不会取代医生，但可以大幅度地减轻医生的工作量，在一定程度上解决医疗服务能力不足的问题，提高健康服务的公平性。人工智能和互联网技术可以说是对医生的"解放"，能够让医生的医术、医德和口碑等成为医生个人的附加价值，让医生的个人品牌、工作环境和个人待遇得到大幅度提升，最大限度地体现医生的真正价值。

（一）导诊

在现实生活中，医院门诊的划分越来越细，患者由于自身缺乏足够的医疗知识和对医院的了解，在医院就诊时存在不知道挂哪个科室和医生的号的现象，有时会挂错医生号或需要现场咨询导诊护士再挂号，白白浪费了大量时间，耽误了疾病治疗。随着不断创新的"互联网+医疗健康"信息技术，推出了人工智能导诊便民服务功能，其将智能化导诊前移至挂号前，极大地优化了患者的就诊流程，提高了惠民便民服务能力，大大改善了市民的就医体验。

人工智能导诊是一款智能化导诊软件，其结合当前大数据、自然语言处理、深度学习等人工智能技术，抽取各类医学文献中的医学知识进行理解和加工，再根据医生的专业擅长、过往的诊疗经历刻画出详细的医生画像，实现对疾病及病程的预判，以智能问答的人机对话形式快速识别用户描述，为用户自动推荐就医路线、讲解病症和药物，进而精准地匹配最合适的医疗资源。人工智能导诊目前开放了智能导诊、智能问病、智能问药三种人工智能医疗服务，主要针对"知症不知病""知病不知科""直接找医生"三种场景，患者只需要输入疾病症状，就可以即时被推荐合适的科室和医生；输入相关疾病、药品名称，可以得到疾病的知识、药品的介绍；"智能导诊"还能识别初诊和复诊患者，对于复诊患者会推荐同一医生，以提升其就医效率和体验。可见，智能导诊一方面可以使患者对自身情况有更多的了解，另一方

面还可以使医生对患者的情况有多方位了解，提高接诊效率。●

据统计，该智能导诊方式的疾病判断准确率可达94%，医生推荐准确率在96%以上，目前已覆盖上百种妇科领域常见疾病，极大地提高了患者挂号的准确率，提升了医院资源利用率，助力医院迈入人工智能医疗时代。2020年5月14日，广州市妇女儿童医疗中心携手腾讯公司组建的"互联网+妇幼医疗健康"推出了首个合作成果"导诊熊"。与传统"依图找科室"的导诊方式相比，此次广州上线的"导诊熊"是基于人工智能技术，根据大量的病例症状数据和医生的专业特长信息，在患者描述症状的人机对话过程中，直接、精准地找到最合适的医生，医生也可以筛选与其专业方向匹配的患者，使医疗服务变得更加精准、高效，如图6-3所示。

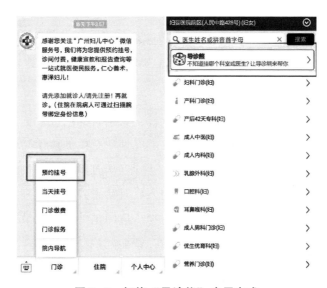

图6-3 智能"导诊熊"应用方式

● 孟海忠. AI极速问诊亮了［J］. 创新世界周刊，2020（3）：22-23，8.

（二）问诊

"排队两小时，看病三分钟"，目前这种"快餐式"看病方式，既会让患者和医生深感不满，也会对医生行业未来的就业情况产生消极影响。患者排队两小时看病，但是通过问诊并没有了解自己的病情，这很容易产生医患矛盾并降低医生职业的期望值。智能问诊的出现有助于改善这一状况，减少了医患矛盾并提高了医疗服务效率。

智能问诊的研究和发展为医疗行业问诊难的问题提供了解决方案，成为解决"看病难"问题的重要抓手、破解医改难题的重要手段。智能问诊是将问诊的过程计算机化，利用互联网、自然语言处理等技术，试图在一定程度上模拟医生的问诊过程，利用人工智能问答相关技术获取患者的疾病信息，结合医学知识库为患者细心解答、为医生的下一步诊疗提供意见和建议。❶ 通过不断吸纳海量数据，人工智能医生已经能够达到或者超过部分普通医生的问诊水平，线上问诊和人工智能诊疗能够为医患双方提供便利，患者和家属也可以更快地得到专业人士的帮助。例如，通过智能问答系统，人们能非常便捷地获取导医、治疗及手术后护理等各类信息，不仅有助于解决基层医疗资源不足的问题、降低医生的劳动强度，而且降低了医疗成本。

多美小壹是一款人工智能健康助理，历经多年的研发和更新，除了纯文字交流外，还增加了语音交流、历史提问、智慧时间轴等功能。多美小壹在设计和开发上非常复杂，它由三个系统构成：感知系统、认知系统和自学习系统。这三个系统采用的技术都是当前人工智能领域的前沿技术。在服务上，多美小壹已经从单一的问诊型机器人医生转变成全能健康服务型机器人医生，可以提供问诊、挂号、买药、陪诊等全方位的健康助理服务，如图6-4所示。

---

❶ 穆雨涵. 浅谈智能问诊的发展与应用 [J]. 中国新通信，2019，21（2）：8-9.

图6-4 多美小壹界面

目前，很多人会利用网络咨询自己的健康情况，但无法确定自己搜索到的答案是否准确。如果在网上咨询医生，大部分医生没有时间回答。而对于机器人健康助理而言，服务 1 个客户和服务 1000 个客户区别很小，所以大大解决了就医难的问题。通过机器人健康助理连接用户与下游健康服务将会成为未来的市场发展趋势。

(三) 确诊

朱迪亚·佩尔（Judea Pearl）是一名美国计算机科学家、哲学家和图灵奖的获得者，他以倡导人工智能的概率方法和贝叶斯网络的发展而闻名。20 世纪 80 年代中期，其理论使得贝叶斯网络在计算机上流行，从那时起，人工智能就开始在临床诊断问题上得以探索和实施。[1]

人工智能用机器模拟人类大脑神经元的工作方式，像人类一样思考和掌

---

❶ SUZUKI K. Overview of deep learning in medical imaging ［J］. Radiological Physics and Technolgy，2017（10）：1−17.

握学习技能，可以在很多领域为人类提供帮助。但医疗行业和很多行业不同，医疗从业者需要掌握无数先辈积累下来的医学知识、经验以及临床工作中的不同验证理论，所以基于深度学习的人工智能从某些角度也要和医生一样，需要大量学习和掌握实战经验，并且在实践中不停完善算法模型，才可以像医生一样帮助患者诊断和确诊病情。

在很多国家的核酸检测试剂都不充足的情况下，为了提高检测效率和准确率，日本也开始启用 CT 影像帮助抗疫。据相关媒体报道，中国已向日本出口"肺炎智能辅助筛查和疫情监测系统"，帮助日本抗疫。该系统由我国某科技公司同武汉同济医院、武汉大学中南医院和深圳第三人民医院三家医院合作研发，并且已经在国内经过 1000 例临床测试，模型表现优异，敏感度达到 98%。

使用这个系统检测病情，医生对患者 CT 影像的诊断时间可以由过去的 10~15 分钟缩短至 2~3 分钟，一旦系统检测到异常，就会自主弹出红色警报，提醒医生做进一步诊断。如此一来，不仅缓解了医生的压力，而且降低了其被感染的风险。与此同时，人工智能系统还能帮忙推理出确诊患者的病情程度，一旦病情被提交到云端系统，日本的各区即可互联统计疫情，进一步联动防疫，形成区域疫情监测与防控信息网络。

(四) 急诊

时间就是生命。急性病患者延误治疗的时间越长，越会出现不可逆转的损伤，甚至可能引发心衰至猝死等严重后果。急诊智能辅助决策系统的使用能够缓解这种情况，尤其是在新冠病毒感染疫情中发挥了重要作用。随着患者人数的急剧增加，影像科医生需要准确地处理海量的肺部 CT 影像，但仅靠肉眼读片难以快速进行定量分析，且传统的手动测量评估方法相当耗时。人工智能公司与医生同赴疫情防控一线，利用人工智能+CT 的模式，引导大批患者尽快评估病情并分诊，辅助临床诊断分型治疗。该系统还可帮助医生准确对比病灶变化，自动为医生提供可视化评估参考，满足了定点医院快速精准诊断的需求，同时有效地减少了超负荷医生的工作时间，为患者争取了宝贵的诊疗时间。目前，武汉中医院等医院正在使用这套系统，以缩短医院筛查患者病例的时间，使确诊患者尽早得到救治。

随着医疗改革的深化，特别是分级诊疗制度的推进，大型医院在急危重症救治方面的责任日益凸显，促进了急诊管理理念的迅速更新。通常情况下，急危重症患者在"黄金时间"内的诊疗差错与延误会产生非常严重的后果，借助"大数据+AI"的信息技术化手段，能有效缩短急诊患者的救治时间，提高了重点病种救治中心的建设水平，为急危重症诊疗提供了有效的诊疗辅助。❶

米健医疗公司与美国梅奥诊所旗下的 Ambient Clinical Analytics 机构共同研发的急危重症辅助诊疗平台 meeCERTAIN 在中国解放军总医院、广东省人民医院等投入使用，这一平台集中"学习"了美国梅奥诊所提供的知识图谱和诊疗技术，结合中国医疗信息化的现状，将急危重症的诊疗过程更加标准化，能够帮助医务人员提供多场景、多方位、多平台服务，并定制个性化决策辅助方案，从而缩短救治周期，有效降低死亡率，大幅提升医疗机构的医疗服务供给能力和患者就医的满意度。

四、疫情之后：人工智能对公共卫生行业的重新定义

新冠病毒感染疫情对各行各业产生了重大影响，其中最为显著的就是公共卫生行业。以人工智能为代表的新一代信息技术催生了医疗领域的数字化变革，使人工智能全力赋能战"疫"，在疫情防控中发挥了重要作用。同时，社会公共卫生应急管理体系、医疗智能化应用、医疗行业未来就业形势三个方面也在发生变革，通过智能化、数字化的医疗革新改变着人们的生活和就

---

❶ 张小亮，王忠民，戴作雷，等. 基于"绿色医嘱"模式的急诊多中心智慧急救系统建设思考[J]. 中国数字医学，2020，15（2）：42-44.

医方式。

（一）人工智能对社会公共卫生应急管理体系的重新定义

在新冠病毒感染疫情后期，随着智能技术的不断升级，社会运行也紧随人工智能产业发展大潮，逐渐完善了智能化社会运行体系的构建。基于智能技术的重大突发事件社会运行体系通过建立有效预防、实时监测、及时预警三个智能化环节，利用人工智能的强大赋能作用，实现了"零接触"抗疫、"云"上统一调配以及"智能"抗疫，对于疫情的防控起到了关键作用，完成了社会运行管理的智能化转型升级，使疫情的扩散得到了有效的遏制，让城市更智能、更智慧、更坚强。

在预防环节，室外加快社会运营无人化、自动化升级，室内实现"停课不停学"，加强线上教育，做好全面预防工作。政府部门可以借助人工智能技术，根据传播源、疫情高发场所、易感人群等信息，制定最优的资源配置方案，同时借助消毒机器人、红外体温检测等智能终端，在道路清洁、紧急抢险、物资运输等方面实现无人作业，减少运营人员在疫情期间的感染风险。对于开学所带来的学生流动风险，可实现教育的远程化、智能化，完成从传统教学到线上教学的转变，加强远程在线教育管理，完善教育体系的应急管理方案。

在安全监测环节，建立社会疫情实时监测体系。基于地理信息系统，利用大数据技术，实现动态数据可视化，并与移动应用技术、网络安全技术整合，按照行政区划级别，随时查看管辖范围内的聚集性疫情信息，在宏观上及时掌握疫情分布和处置情况。[1] 同时，在交通枢纽、医院、学校等社会运营的重点环节以及流动人员密集区域部署智能监测节点，利用体温探针、红外测温等设备结合人工智能的综合管理系统实现疫情的早发现、早抑制，加强对疫情的监控。通过政企联动、数据开放，构建起智能、实时、立体式的传

---

❶ 吴军，陶沁，陈静，等. 人工智能技术在学校传染病聚集性疫情智能早期筛查与预警中的应用［J］. 中国公共卫生，2019，35（4）：516-520.

染疾病监测体系。

建立人工智能传染疾病预警平台，实现疫情预警智能化。在传染疾病高发期，医疗机构、疾病监测机构可借助人工智能算法，强化对疫情数据的归集和分析，再综合医疗机构一手诊断信息、全球传染疾病信息、气候信息等，以政府和医疗机构为数据的主要提供者，以人民群众为平台的监督者，建立传染疾病预警平台，在疫情发现初期，及早确定和监测传染疾病的类型、来源、易感人群，提出预防预警信息及预警等级，建立综合性社会传染疾病预警平台和自主运行的智能化传染疾病预警体系。

（二）人工智能对医疗智能化应用的重新定义

虽然人工智能在新冠病毒感染疫情中得到了很多的应用，展现了智能产品的价值，但在部分应用中还是表现出一定的不足。例如，在机器人领域，在应用过程中暴露出机器人智能化程度不高、需要人为干预、对场地环境要求较高以及电池续航能力不足等问题。通过这些问题，我们也意识到面对医疗领域未来的发展，应致力于向医疗智能化方向发展，重塑医疗行业新业态。

就我国而言，"智能+医疗"研究的底层技术与核心技术还相对薄弱，智能医疗发展环境还不够完善。目前，智能医疗是各国竞相投入和角逐的科技制高点，我国也在积极研究人工智能医疗领域的应用，但计算机视觉、数据挖掘、智能芯片、机器学习等底层技术领域一直存在瓶颈和障碍，核心技术短缺，导致国内智能医疗产品多集中于中低端市场，存在低端产品同质化与产能过剩等问题。造成这种现象的很大一部分原因可能是我国的安全认证制度不够完备，智能手术、智能问诊、智能康复机器人等医疗设备领域具有非常严格的医疗产品准入机制，要求全部智能医疗产品的认证必须通过临床试验，这一要求使智能医疗设备的研发过程减缓、市场化过程环节增多，耗费了过多的时间，因而在一定程度上阻碍了智能医疗的发展。

政府与企业已经开启了积极的合作，加大对"智能+医疗"应用的深入研究，不断推进底层技术和创新性技术的开发与应用。政府通过部署智能医疗专项资金，提供一定的资金支持，帮助智能型企业完成对智能医疗核心技术的攻关；同时，推进"产学研医"对接平台，企业与研究机构、临床医院实现密切合作，充分发挥行业组织的桥梁作用，集中力量实现技术创新和产业协同发展、产品研发及产业化，从而打破人工智能医疗技术的瓶颈，促进科研成果进入市场，提升商业化转换效率，共同推动我国智能医疗技术研究取得突破性进展。

健全的医疗安全认证机制是加快"智能+医疗"研究的"最后一公里"，我国也在不断完善安全认证环节中的相关机制。对于我国较高的智能医疗产品安全认证准入门槛，认证机构已经开始针对安全度要求不同的智能医疗产品采取细分的安全认证等级，为创新性强、安全度高的智能医疗产品开通认证绿色通道，不仅可以从整体上加快研究进程，还能在一定程度上鼓励企业加入智能医疗的研究中来。另外，还会积极推进智能医疗研究标准化平台建设，通过制定一些产品安全等级标准化指导方案，降低企业研发医疗产品安全模块的难度，最终提高产品认证效率。展望人工智能的未来发展及其对社会的广泛影响，负责数字化医疗和人工智能技术审评的新部门将会很快得到发展和普及。❶

（三）人工智能对医疗行业未来就业形势的重新定义

在第四次工业革命的浪潮下，人工智能获得快速发展并渗透到各行各业，尤其是医疗行业，相信其未来就业形势也将发生一定的变化。随着药物研制、机器人问诊、机器人手术等大量的智能应用投入医疗服务中，可以预见，人工智能将在并不遥远的未来取代部分医生的工作，部分医生可能会面临失业的问题，但同时也会有大量的新岗位被创造出来。所以，面对科技进步与人工智能的替代，医疗行业就业市场中的求职个体、市场竞争企业都应做好迎接挑战的准备。

❶ 蒋璐伊，王贤吉，金春林. 人工智能在医疗领域的应用和准入［J］. 中国卫生政策研究，2018，11（11）：78-82.

人工智能技术的认知、预测、决策在医疗领域的许多应用已经成形甚至商业化，相比于看不见、摸不着的运行在各种仪器设备中的人工智能程序，人们对人工智能更具体的印象其实是"机器人"。理论上，机器人就是人工智能最完美的搭档和载体，只要给予其足够多的数据，人工智能将能够胜任人类所有的工作。❶ 首例全自动机器人手术是人工智能医疗应用在外科领域的标志性事件和突破，但在后续的研发中，人们发现其效果未达到医生的水平，仍然需要 10 年以上的技术积累和临床试验，这就决定了在短期内，人工智能将更多地以医生的助手而非竞争对手的身份出现在手术室。这同时也给了医生难得的准备时间，能否利用这段缓冲期做到适应人工智能时代的新要求，避免被科技进步所淘汰，将是所有医生不得不共同面对的挑战。

在人工智能医疗时代，如何发挥主观能动性求生存、求发展，如何将发展的潜力转化为立足的实力，是每一位医生需要思考的问题。首先，医生应该进行思想观念的转变。虽然很多关键技术可以在短短几年内就让一些职业退出历史舞台，医疗领域也不例外，但我们要清楚地知道人工智能的优势与劣势在哪里，这样才不会使自己处于被动的位置。人工智能优于人类的就是处理事情的效率高、精确度高，但其缺点也非常明显。例如，人工智能没有情感，不懂人类的喜怒哀乐，无法理解疾病过程与预测转型，医生所具备的沟通能力、协商能力、同情心与职业素养是人工智能无法提供和代替的。所以，面对智能医疗为医生提供的丰富资源和工具，医生要以仁心和理性来看待。社会在进步，人们更需要温暖。

其次，医生要乐于接受并积极利用智能技术的成果。过硬的业务能力是一名医生的立足之本。人工智能的加入无疑将帮助医生更有效率地提升自己的医疗技巧，使自己的医术得到更大的进步，所以医生应该善于利用新技术不断提升自己，而不应该排斥新技术。要知道人工智能并不会完全替代医生，但懂人工智能的医生可能会替代不懂人工智能的医生，未来人工智能的应用

---

❶ 曹晖，顾佳毅. 人工智能医疗给外科医生带来的挑战、机遇与思考 [J]. 中国实用外科杂志，2018，38（1）：28-33.

将贯穿整个临床工作流程，从源头的成像一直到后期的诊断、治疗和评估，所以医生应提升自己的医疗服务能力。

最后，医生要坚持新时代的转型学习，而不应仅局限于医疗领域。目前，全国都面临着巨大的人工智能人才缺口，很多公司会到国际学术会议上招聘人才，国内医疗领域也很难招募到人工智能方面的人才，因为这类人才在互联网公司有更好的待遇与前景。作为新一代的医生，要抓住这次机会，不断更新知识结构，以获得更大的发展红利，做好数学、统计、计算机编程等人工智能相关学科的知识储备，深入学习自己感兴趣的并且与自己研究方向相关的专业知识，积极地做一名人工智能医疗的参与者、实践者乃至创新者。这样，才能在快速的技术变革中寻求突破，干出自己的一番事业。

CHAPTER

第七章　**加速与失速：
人工智能时代的职场关系**

人工智能在工作中的应用越来越广泛，职场关系正在被重构——机器人已涉足人类职场，甚至招聘、培训、绩效管理和猎头这些"人力"资源方面的工作也在变得"机器"化，原有的职场平衡被打破——"和则双赢"，一个人机合作工作的新时代正在加速到来。

"你好虚拟"：你能接受机器人同事吗

招聘、培训和绩效管理：机器是否更公平

猎头也智能：人工智能与猎头的耦合效应

人类学到什么：接受以任务为模块的社会角色

人工智能技术及相关信息技术的快速发展和普及，使如今的人工智能正在以前所未有的速度、广度和深度渗透到人类职场之中。当机器与你合作完成工作任务时，你能接受机器人做你的同事吗？当机器被用于招聘、培训和绩效管理时，是否会更加公平？当机器涉及猎头的工作范围时，会产生怎样的耦合效应？当机器进入人类的职场中时，人类又会扮演一种什么样的社会新角色？

一、"你好虚拟"：你能接受机器人同事吗

随着人工智能的不断迭代升级，人类对机器人的情感也随之发生了改变：从最初人工智能问世时的惊讶与好奇，到人工智能被应用到工作中之后的友好与依赖，再到人工智能被应用到人们生活中的习惯与适应，到如今人工智能的飞速升级使人产生的"恐惧"与"排斥"……人对机器人的情感，既简单又复杂。

不管是具有实体形态的娜奥、小冰、索菲亚等智能机器人，还是依托于智能设备的 Siri、Alexa、小爱、小艺等语音助手，都已经或深或浅地融入人们的生活中。机器人作为人们生活或娱乐中的一个角色，与人们相处得极为融洽，甚至成了人们日常生活中不可或缺的一分子。目前，机器人是没有自主意识的，对于其以后是否会有自主意识现在还暂无定论，但不管机器人有多智能，其在人类世界中始终只是一种工具，而不是生物，更不是"人"。这种关系看起来十分简单，但实际上绝没有这么简单。在当今深度科技化和智能化的现实生活中，人们对机器人又是怎样一种情感呢？

麻省理工学院的研究员凯特·达令（Kate Darling）曾经做过一个小测试，在测试中，她邀请参与者与名为帕雷欧（Pleo）的电子恐龙玩偶一起玩耍。在玩耍的过程中，凯特·达令发现帕雷欧可以通过姿势和面部表情与参与者们进行沟通。一小时后，凯特·达令让参与者们稍作休息，然后拿出小刀和斧头让参与者折磨、肢解帕雷欧。参与者们一直拒绝，有些参与者甚至会做出保护帕雷欧的动作，即使他们知道帕雷欧感觉不到疼痛。这个实验实际上和帕雷欧无关，研究人员要探究的是参与者们对帕雷欧的情感。

这大概也是人类把机器人的外观设计得和人类相似的原因之一。机器人的外观和能力越像人类，人类就越容易将自己的想法和感受投射在机器人身上，机器人和人类更容易亲近起来，更易于建立融洽的关系。但是，这一关

系在工作中是否同样适用还有待进一步研究。当机器人从工具转变成我们的队友时，情况将会变得复杂，因为接纳机器人就意味着我们不能仅仅把它们当成一种工具或技术使用。

日本机器人学家森政弘提出"恐怖谷"假说，用于解释人与机器人之间复杂的情感和心理关系。森政弘指出，由于机器人与人类在外表、动作上都十分相似，所以人类也会对机器人产生正面的情感，当这种情感达到某一特定程度时，人们的反应便会突然变得极之反感。哪怕机器人与人类有细微的差别，都会显得非常刺眼，整个机器人将显得非常僵硬、恐怖，让人有面对行尸走肉的感觉。

如图 7-1 所示，该理论的函数图包含两个维度的数据，随着机器人逼真性（变量）的不断提高，人对机器人的好感度（因变量）会呈现不同的动态结果。特别是当某物与人形极为相似，但它却与人的正常生命体征相违背时，人们就会对它产生恐惧心理，人对机器人的好感度就会骤降并跌到恐怖谷的谷底。

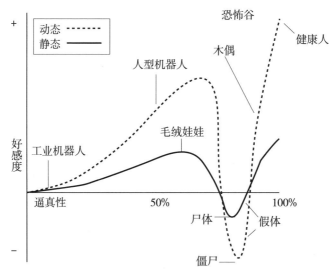

图 7-1　森政弘"恐怖谷"理论图

在实际应用中，机器人与人类合力完成工作的典型案例之一就是协作机器人（Collaborative Robot），这种新型机器人在工作时，可以在协作区域内与人进行直接的交互而无须使用安全隔离措施。协作机器人有高度的灵活性，其移动方便且体形轻便，能够重新编程来解决新的任务，帮助企业实现更高级的小批量加工生产，以应对短期生产的挑战。

其中，由瑞典的阿西亚公司和瑞士的布朗勃法瑞公司合并而成的全球最大的工业机器人制造商之一的 ABB 集团，在 2014 年面向消费电子行业推出了首款协作机器人 YuMi。2015 年 4 月，YuMi 于德国汉诺威工业博览会上被推向市场。继 YuMi 之后，ABB 又推出升级版的单臂机器人。YuMi 单臂机器人是一种紧凑型协作机器人，这种机器人在工作时，可轻松集成至现有生产线，在提升柔性的同时确保了人员安全。YuMi 单臂机器人延续了 ABB 集团在协作自动化方面的创新设计，拓展了 ABB 协作自动化产品线，使其更加灵活。

YuMi 在企业中的应用，一方面，促进了人与机器人相处模式的改变，把人类从简单、单一的劳动中解放出来，去完成更加需要人类智慧的工作；另一方面，YuMi 在与人协同工作时，不仅不会"误伤"工作人员，还能最大限度地保障工作人员的人身安全，在提高工作效率的同时提高了安全性，可与人共同协作为企业服务。

除了人机协作之外，人工智能在不断迭代升级之后更加趋于向"智"的方面延伸。早在 2016 年，麦肯（McCann）广告公司的日本分部就让人工智能"走进"公司，任命了"世界上第一个人工智能创意总监"——AI-CDβ。同年 4 月 1 日，AI-CDβ 与 11 个新员工一起到公司入职，这是人工智能首次从事广告创意并真正进入公司"工作"。

AI-CDβ 是麦肯广告公司的一个创新部门——"千禧一代特别行动小组"开发的第一个项目。这个部门成立于 2015 年 9 月，其特别之处在于：所有工作人员都是由日本的"千禧一代"组成，所以部门同事的设计比较大胆、独特、新潮，试图从全新的角度和方向做出尝试，突破以往的陈旧模式。

该部门的员工在开发 AI-CDβ 时，解构、分析和标记了大量的电视广告，在 AI-CDβ 的数据库中，囊括了全日本 CM 放送联盟（日本的一个广告节）近 10 年的所有获奖作品和广告案例。

AI-CDβ 并不是一个"花瓶"，而是能真正地应用于广告制作中。当 AI-CDβ 接收到新的产品和客户时，会对自身数据库中获奖广告的构成元素进行分解和分析，并基于数据，结合一定的逻辑算法，给出有针对性的广告创意。

需要说明的是，AI-CDβ 在给出广告创意后，并不会参与广告创意的核心工作，也不负责制定策略，这部分工作全部由人类员工来完成。之后，为了进一步提升创意能力，创意总监 AI-CDβ 还会在广告播出后评价和分析广告结果，总结经验。

当然，在 AI-CDβ 最初推出阶段，社交网络上有不少人质疑过人工智能在广告上的作用。毕竟，在广告方面，创意本身并不是严格地讲究逻辑和理性。日本麦肯广告公司请来的究竟是一个数据库还是一个创意人，时间终会给出答案。但不得不承认，在学习和记忆方面，人工智能是远远胜过人类的，就像阿尔法狗由于输掉了一盘棋，在其人类对于李世石吃饭、睡觉、休息的一夜之间，独自下了 100 万盘棋来补充和完善自己的算法；微软人工智能机器人小冰用时 4 秒作出 40 行长诗《致十年后》。这是人类永远无法达到的。

智能科技虽然具有高度的精准性，但其在工作中并不能保证百分之百的正确性。大数据技术在广告中早有应用，并且出现过一次不小的失误。在 20 世纪 50 年代，福特汽车公司为推出一款新车而对大量的数据进行市场调研，经过数十年的实际考察和反复推论分析，福特汽车公司决定推出"爱迪赛尔"车型，并花费大量资金为该车型做推广宣传。该车型上市后，公司的预计销售量为 20 万~30 万台，可是当天只拿到 4000 多张订单，之后的销量则一天不如一天。这样，一年下来，该车型的年销售量还不足 35000 辆。最终，该车型在推出的第三年停产，被寄予厚望的产品最终惨淡收场。

大数据虽然具有比较可靠的可参照性，但其也会失误，关键在于大数据只是客观地根据数字"说话"，而无法真正考虑到人的情感、经济环境和社会政策等因素，但这些因素却影响着消费者的购买决策。

"人工智能"这个概念自 1956 年在达特茅斯会议上被提出至今，已经走过 60 多年的历程。在这半个多世纪的时间内，人工智能不再是我们以前理解的那种只有"智商"，而没有"情商"的机器人，也不再是只能进行简单计算、答非所问的"低龄儿"。现在的人工智能，是可以给腾讯视频财经频道编写新闻的"Dreamwriter"、可以针对用户咨询的任何与法律相关的问题立即作出回答的"毒舌律师"、可以针对明星的性格和着装历史定制出华美时装的"匠心设计师"等，这些强有力的事实都在向人类证明，人工智能正在朝着"智能"的方向大踏步地前进。

机器人的日益强大，对劳动者来说并不一定是坏消息。自 2011 年 IBM 公司的"沃森"（Watson）超级计算机登上美国的智力问答节目"危险边缘"（Jeopardy!），并在人机对抗中击败了所有人类选手后，"沃森"可谓一炮走红。此后，"沃森"变得更加智能，其自身组件已从房间一般大小缩减至公文包大小，处理速度与以前相比则加快了两倍以上。人们将升级后的"沃森"投入商业领域，在工作中获得了极大的便利，以致后来人们逐渐依赖这种便利，"沃森"在职场中的地位也越来越高，很多人担心"沃森"的不断发展预示着人工将被机器取代。

另一个事实是，机器人正在朝着人的方向发展，也就是说，机器人越来越像人类。机器人从最初只能在工厂做简单的重复性劳动，到走出工厂、走向大众，再到现在几乎可以和人类进行简单的沟通、交流，甚至与人类一起工作，成为人类的伴侣，等等。

随着智能科技的不断进步，机器人逐步走进人们的生产和生活之中，并在工业、军事、教育、医疗、服务、社交等领域与人类逐渐建立起一种二元关系，由此产生了人机交互这一研究领域。在将来，人甚至可能与机器人和半机器人一起构建出一个三元结构的新型社会，并由此产生一系列需要处理

的新型关系和问题。❶

人与机器人二元关系的建立和发展的重要前提是，人类要对机器人有一定的信任度，并且有与之进行合作的意愿。只有这样，人和机器人才能在一个团队中和谐相处，人和机器人所构成的团队才能更有效地达成目标。

当人类逐渐迈入机器人的技术领域后，就不得不思考人与机器人之间的一系列伦理道德问题。最初，机器人似乎只为满足人类的欲求而存在，如《列子·汤问》中所记载的周穆王与偃师的故事：相传，周穆王到西部视察时，途经昆仑山，一位名叫偃师的人为周穆王献上了一个自己造的能唱歌跳舞的人，其不仅在外形上和真人相似，而且唱歌及舞蹈的形态千变万化。但是，机器人表演完毕却向周穆王的宠姬抛了抛媚眼，惹得周穆王大怒。周穆王一度怀疑它是真人假扮的，偃师不得不将其大卸八块，展示它的内部结构。

由此，几乎在战国时期就设定了接下来几千年的人机关系——机器似乎只是供人取乐。不管是达·芬奇制造的骑士形态机器人，还是尼古拉·特斯拉创造的遥控潜艇，这些机器人的用途要么是博人一笑，要么是替代人类执行危险的任务，这种思路直到几年前仍是主流。后来，机器人作为一种重要的角色走入文学创作当中，成为众多科幻电影中的原型，所以，才有了阿西莫夫的"机器人三定律"。

机器人走入人类的工作之中，是为了协助人类更好地完成工作，人工智能不是我们的敌人，而是我们的伙伴、同事。人类与机器人在工作中的相处模式应是：人类要能够弥补机器人技能上的不足，而不是机器人弥补人类的不足，这样才能保证人类具有永久的不可取代性。目前，清洁机器人、拉面机器人、送餐机器人、高颜值机器人、卖萌机器人、宠物机器人、"高学历"机器人等已经渗透到人们日常的工作和生活中。

---

❶ 张桂娟，刁生富. 三元结构社会的新问题：人与半机器人和机器人的相处之道 [J]. 未来与发展，2017，41（11）：53-58.

哥伦比亚商学院伯德·施密特（Bernd Schmitt）教授认为，在将来的办公室里，计算机所能从事的工作将不再局限于分析工作和数据运算，而是会执行更有创造性的、与决策和情感相关的管理任务。那时，人机互动的情况又会大有不同。随着人工智能的创造性日益活跃，机器人的工作将不再局限于一成不变的机械劳动，而是更具有创造性，甚至还将给人类提出工作方面的建议。可以预见，将来类似 AI-CDβ 的员工将会大量普及。

机器人在外观上也不再是冷冰冰的机械，而是越来越接近人形，它们的脸上将会有更多的表情变化，动作也会越来越流畅自然，人类与之相处起来将会更加自在。这些机器人经过系统设置之后，将具备很多能力，可以完全融入人类的工作环境中，成为企业文化的一部分，最终很有可能与人类一起并肩工作。机器人同事时代已经扑面而来。你，准备好了吗？

二、招聘、培训和绩效管理：机器是否更公平

新一代信息技术的日新月异促进了人工智能的不断升级，大量机器人不再局限于传统的工作类型，开始"走出"车间，甚至"走上"企业管理岗位。这不仅是人工智能工作环境的改变，更是人工智能本身高度智能化的展现。在智能制造领域，机器人的工作效率是有目共睹的。但是，如果让机器人从事企业的招聘、培训和绩效管理等灵活度更高的"人力资源"管理工作，其是否会更加公平呢？

（一）人工智能与招聘

当前，许多企业在招聘员工时，会利用人工智能进行第一轮简历筛选，有选择性地向应聘者发布招聘信息。人工智能筛选简历的依据就是其以往所收集的有关数据或类似求职者的数据，经过训练后自动分析每位应聘者的信息，以减少招聘人员所需的时间和精力。求职者在整个招聘过程中，可以利用人工智能发布广告，人工智能则可以帮助企业预测求职者的工作表现。

机器人在人力资源领域的应用，将人工智能技术对人类的影响提升到了新的高度。在"AI+"的应用场景中，有许多是我们所熟悉的，如 AI+金融＝蚂蚁金服（智能信贷）、AI+汽车＝百度 Apollo（自动驾驶平台）、AI+零售＝天猫（无人销售）等。而 AI+人力资源（HR）的模式打破了企业依据个人经验招聘员工的模式。在人工智能环境下机器人代替人类员工的浪潮中，机器人除了可以帮助企业提高工作效率、提高产品及服务质量之外，还能运用科学手段为企业提供快速、精准的人才广泛搜寻和精准匹配模式。目前，我国也出现了一批服务本土企业的 AI+HR 创新企业，这些企业在机器学习、计算机视觉、自然语言处理等方面已达到世界先进水平。

相对于传统人工来说，人工智能在简历解析、简历匹配、远程考试、远程面试、职业测评等人才招聘环节上有着突出的优势，特别是在处理速度和投入产出比方面。当企业招聘职位发布后，机器人招聘官可以与求职者建立百分之百的互动，可以为求职者解答关于职位的全部疑问，实现简历投递前的筛选，以此实现企业招聘的公开透明，呈现人力资本的价值观。

机器人招聘官在处理简历时，利用深度学习技术来构建简历分析处理模型，每分钟大概可以阅读、匹配 3000 份简历。不管简历采用何种文档类型或模板，机器人都可以做到客观公正地进行筛选、匹配。机器人招聘官进行考核时，求职者无须到场，利用人工智能的对话功能和图像处理技术即可完成远程考试及面试，既节约了时间又节约了成本，提高了招聘的效率。

虽然人工智能招聘官与人力资源招聘官相比有着诸多优点，但很多企业不会单纯地依赖人工智能来招贤纳士，而是由人工智能筛选申请材料后，向招聘人员推荐应该优先联系的应聘者。如果求职者要申请一份工作，需要先通过短信与该企业进行交谈，此时求职者很可能在与招聘机器人交谈，如 Mya 聊天机器人被用于企业招聘时，可以使用自然语言帮助企业自动联系应聘者，综合评测企业的新职位空缺和应聘者的特点是否相互吻合，从而节省人工电话筛选面试的成本。

企业应用人工智能招聘技术，可以帮助人力资源部门更高效地对大量应聘者进行筛选，降低了招聘成本。与人力资源招聘官根据个人经验、习惯判断简历的匹配度以及所耗费的时间、精力相比，人工智能招聘技术的支持者认为，人工智能筛选更公平、更全面，可以确保每份简历都是经过筛选的；但批评者则认为，人工智能招聘技术可能会带来偏见，而且不能保证准确无误。

2019 年，美国国会通过了《算法问责法》（*Algorithmic Accountability Act*），授权美国联邦贸易委员会制定法规，检查所谓的"自动决策系统"是否存在偏见。据报道，其中一个简历筛选工具发现，求职者中名叫"Jared"（贾里德）和"高中时打过曲棍球"的人，普遍被预测出将会有优异的工作表现。并且，该系统也存在性别歧视、年龄歧视以及其他"不公平"的筛选倾向，如曾有报道称，亚马逊开发的一种招聘算法，在某些职位上会无意中倾向于男性求职者。

因此，机器人招聘官表现的好坏，最终取决于它们被输入的数据，以及负责搭建算法模型的人。机器人是具有学习能力的人工智能，简历筛选机器学习工具是根据历史数据进行培训的，筛选结果的公平与否，在很大程度上取决于该公司所聘用的候选人的信息和历史数据。

（二）人工智能与培训

人工智能不仅可以用于招聘，在企业培训方面也有特殊的作用。在传统的培训中，不管是入职培训还是再培训，都是以讲师为中心，员工作为培训主体的重要性常常会被忽略。而机器人培训则不同，从员工的学习方式到评价反馈等多角度、全方位都得到了优化，形成了以员工为中心的培训模式。

第一，打造泛在学习常态。人工智能能为员工提供不受时间和空间限制的移动式无边界学习环境，为学习者提供更多的选择、更多样化的学习资源与更便利的学习方式，在任何时间（Anytime）、任何地点（Anywhere）的任何人（Anyone）可以就任何内容（Any Content）以任何形式（Any

Format）进行学习正在成为一种趋势。❶ 员工在移动学习情景中，可以通过网络传递大量优质课程，共享学习资源。企业内任何一个员工只要通过手机客户端，就可以学习到工作时所需要的知识。除此之外，员工在工作之余还可以学习其他知识以丰富和提升自己的能力，最大化和最优化地利用资源。

人工智能不仅可以碎片化地培训员工，还可以同时"一对一"地提供教学，打破了传统的讲师培训中的集中式培训模式。同时，员工在使用移动设备进行学习时，还可以把学习内容与数字化的方式组合在一起，以音频、视频、图形、图像等形式呈现，从而丰富学习内容，强化员工的学习效果。

第二，实现个性化学习。个性化的学习方式一直是人类所追寻的，人工智能可以通过自适应学习程序和软件等系统响应员工的需求，通过收集员工的学习数据来分析培训的状况和员工的学习情况，实时调整对员工的培训行为，实现个体化培训的模式，使人类个性化学习方式的目标成为现实。

第三，实现混合式学习。混合式学习是在智能设备支持下的一种学习方式，与单一的学习方式相比，人工智能混合式学习的培训方式更加灵活、高效。在人工智能时代，越来越多的智能化设备被人们用于提升自我。人工智能可以在面授开始前测试员工目前的知识水平；在面授过程中补充相应的知识点；在面授结束后，对员工所掌握的知识进行测试，综合评估员工对知识的吸收程度，既可以对员工所掌握的知识进行测试，也可以根据员工的"最近发展区"准备以后需要讲解的知识点。

除了面授外，人工智能还可以通过移动学习平台"监督"员工的学习状况，进行面授后的复习指导。人工智能混合式培训模式，既可以优化企业培训结构，也可以提高培训效率，大大提升员工的能力，帮助员工不断成长。

第四，提供及时的反馈与评价。学习固然重要，但是反馈、评价在学习

---

❶ 荀渊. 高等教育全球化的愿景：从无边界教育到无边界学习［J］. 电化教育研究，2019，40（5）：32-39.

中的重要性更加突出，及时的反馈和评价更是重中之重。机器人培训师不仅能客观、精确地进行评价，还能通过及时的反馈帮助员工改善学习，为员工提供伴随式的评价、在线的实时反馈。

人工智能在帮助员工做练习时，如果发现答案是错误的，会立刻提示员工，通过员工的定制消息，为员工提供正确答案的提示，帮助员工确切地掌握相关知识。

（三）人工智能与绩效管理

当前，许多企业通过引进人力资源技术进行绩效管理，在人类的许多工作正在由机器完成的现实状况下，企业引进人工智能技术不但没有弱化人类的劳动，反而可以帮助员工增强其在智能时代的竞争力。

企业通过大数据、人工智能技术，可以为员工建立个人档案，针对每位员工生成全景式的人才画像，内容包括员工的岗位、职级等基本信息，以往的绩效信息，个人能力信息，发展潜力信息，人才标签信息以及社交关系信息等，全面、客观地将每位员工的日常表现展现给管理者。员工个人档案中除了有其基本信息外，还有基于员工的能力素质模型，对其能力、素质和性格等的解读与评分，对员工进行全方位、多层次、立体化的数据化描述，是员工在职场中的"第二张身份证"。

管理人员通过档案中的数据可以直观地了解企业的整体组织目标，了解目标的进展状况，进行目标风险预测。员工档案除了可以作为员工日常表现的反馈，也可以协助员工开展日常工作，帮助员工成长。在对员工进行绩效评价时，个人档案系统会提供员工对目标的完成进度、同事之间的工作交流情况，以及经理对员工工作的评价和反馈等全面性的信息，有助于管理者客观公正地对员工进行评价。

随着人工智能技术的发展和成熟，其将越来越多地被用于企业的绩效管理，成为企业低成本运作、高效率工作、公平处理问题的辅助者。对于员工来说，这不是监督，而是帮助他们更好地在企业中成长、提高自身能力和竞争力的工具；对于管理者来说，这不是威胁，而是帮助他们减轻工作负担、辅助日常决策，使他们的工作更加高效的工具。

人工智能在进行绩效管理时，不仅能输出报表与数据，还能对数据进行深度分析，并作出较为客观的辅助判断，从大量的数据中找到其内在规律和联系。相对于以往的信息系统来说，人工智能管理平台更具有自己的"想法"。当然，人工智能在分析的过程中，采集的是企业以往的数据，这些数据或多或少地存在于管理者的潜意识中，可能对于本企业来说具有可参照性，而不具有普适性。

如今，人工智能技术已经或多或少地涉足人力资源领域，企业在开启自身人力资源智能化管理的进程中，数据驱动、智能化场景无疑加速了企业的发展。但是，机器人在企业人力资源方面是否能做到真正的公平，目前来看，还需要时间去验证。没有人能准确地预测智能技术将如何发展、以何种方式发展，但可以肯定的是，智能技术将一直向前发展。未来，永远在路上。

三、猎头也智能：人工智能与猎头的耦合效应

在人工智能、大数据、互联网、5G 等技术扑面而来的智能化社会中，打造智慧城市成为人们所关注的热点。在智能技术的赋能下，无人时代的社会环境正在为智慧城市添砖加瓦。无人驾驶公交、无人超市、无人餐厅等无人技术在很多城市已随处可见，智能新技术、城市新发展在带给人们惊喜和便利的同时也让很多人产生了焦虑：无人化的背后折射出越来越多的就业问题。猎头作为就业的重要中介，该怎样与基于大数据、人工智能和社交网络的第三方招聘互联网"相处"呢？

众所周知，互联网行业的快速发展驱动人们越来越多地偏向创业领域，因此，互联网相关行业就成了猎头服务的高频次需求方。在企业—求职者的

单向需求端，企业无法主动去寻找合适的求职者，在这种被动求职的领域，猎头成为连接企业和求职者的重要渠道。猎头为企业和求职者提供了双向的重要价值，在招聘行业扮演着重要的角色。

对于企业来说，猎头所提供的不只是一份简单的简历，而是一种针对招聘结果收费的"服务"。所以，猎头所涉猎的服务范围涵盖了职位调研、候选人推荐、面试、录取通知、辞职、入职、试用期等各个环节，在这些环节中，猎头担负着为企业管理整个招聘流程的任务。随着移动互联网的发展，超大的信息量提高了猎头筛选人才的速度、提升了企业与人才的匹配效率，猎头对企业与求职者的作用日益突出。

然而，任何事物都遵循过犹不及的规律。智能技术在发展初期极大地推动了猎头服务的发展，但随着智能化程度的不断加深、人工智能的兴起，猎头行业正面临着新的挑战。猎头在人才搜索、简历分析和职位匹配方面已经逐渐被人工智能所替代。

在人才搜索方面，人工智能利用海量数据，可以根据企业所缺职位在短时间内迅速搜索合适的人才。在北美著名的猎头公司 Sourcecon 举办的行业竞赛中，机器人"Brilent"仅用时3.2秒就筛选出了合适的候选人，而普通的人工顾问在筛选时用30分钟就算是较好的成绩了。相比之下，机器人在人才搜索方面不仅能完胜人工顾问，还能在一定程度上代替人工顾问。

在简历分析方面，机器人可以根据数据客观地总结归纳出企业的用人偏好，而人工顾问只能根据以往的个人经验，相对于机器人顾问来说，不具有客观性和科学性。

在职位匹配方面，机器人可以较精准、多维度地分析出候选人的意向和需求，而人工顾问在这方面则有较大的误差，所以机器人在职位匹配方面对人工顾问有较大的可替代性。

此外，对于员工的离职证明、收入证明、公积金证明等，机器人都可通过自助打印的方式取缔人力。所以，在猎头行业，类似标准化的基础性工作、带有一定数据分析的工作、重复性的工作以及需要较少智力和人类情感的工作，在很大程度上都有可能被机器人所取代。

当然，并非猎头行业的所有工作机器人都能应对，在客户和候选人服务、能力判断、趋势预判等需要人类情感、直觉和温度方面的工作，机器人是无法取代人类的。

（1）客户和候选人服务方面。在猎头的工作中，真正重要且困难的就是沟通，也就是服务的部分。服务作为贯穿猎头工作的重要组成部分，可以直观地体现出猎头的价值。从客户对候选人的隐性需求以及候选人的情感需求，到候选人所需要的职场建议和"跳槽"的心理辅导，都是人工智能无法感知和胜任的。这正是因为人类的情感是有温度的，是冰冷的机器所感知不到的。

（2）能力判断方面。在数据方面，机器人虽然可以做到准确无误，但是无法从数据中帮助候选人们找到最适合自己的工作。人作为感性动物，其性格是多变的、精力是有限的，机器人只能大概地得出人类在固定时期的能力范围，而不能确定人类能力在宏观和微观上的区别。

（3）趋势预判方面。人类可以感知到趋势的发展并作出判断，也就是说人类的直觉在工作中有一定的作用。一些资深的人力资源工作者有着特殊的行业直觉，并且其直觉的准确性相对较高，这种专业领域的直觉在工作中具有一定的价值，在趋势预判方面往往具有重要作用。

人工智能无法取代猎头在专业领域的直觉，因为人脑作为世界上最为复杂的事物，不能被标准化、流程化，所以机器人在这方面永远无法代替人类。根据"一万小时定律"——要成为某个领域的专家，需要花费10000小时，如果每天工作八小时，一周工作五天，那么成为一个领域的专家至少需要五年——从普通人到专家的过程，通常情况下都需要时间的沉淀和积累，人类只有不断地提升自己，才能增强自己的不可替代性。

这也就是猎头行业从业者在人工智能时代还在逐年增长的原因之一。人工智能虽然在某些方面可以取代人工顾问，但是智慧和情感使人类具有独特的不可替代性。两者各自的独特性，决定了两者"和则双赢"的优势——猎头可以利用人工智能提升自身的核心竞争力；人工智能则会在猎头的应用下，拓展服务范围。智能革命在重塑世界的同时，也在引领人类进入全新的时代，在各行各业打造"智能+"的环境下，猎头与人工智能的结合能够最大限度地发挥猎头的作用。

猎头行业引进人工智能，可以在简历搜索、定位、匹配等方面节省大量时间。相关从业者需要不断更新自己的技能和知识系统，提升自己的格局，增强自身的职业敏感度。尤其是在智能时代，客户越来越依赖于有经验的猎头，从事职业规划工作的猎头的发展前景更加广阔，这就要求猎头们积极培养自身的人工智能素养。

人工智能技术的迅速发展，催生出猎头行业的一项新职业——跨境猎头。随着"AI+"人才模式的扩展，人工智能人才迅速成为市场抢手资源，而国内人工智能人才的持续短缺，使许多人的目光投向海外人才市场，由此，诞生了专注于人工智能人才的跨境猎头。跨境猎头在接到国内企业的人才需求订单后，将目光锁定到海外顶级科技巨头以及硅谷技术创业公司的华人高级人工智能人才的身上，随时寻找机会将这些海外高级人才收揽到国内公司的麾下。

虽然跨境猎头赢得的利润比较丰厚，但其面临的问题也比较多，除了那些普通猎头所遇到的难题外，跨境猎头还面临着语言、文化、交流、环境等方面的问题。为了解决这些问题，跨境猎头凭借其本身是由人工智能衍生出来的这一优势，适时巧妙地将本行业与人工智能紧密结合，探索人工智能跨境猎头的发展之路。

因此，在智能化时代，虽然猎头行业的部分工作已被人工智能所取代，但是猎头也是服务行业的一个分支，而归根结底，服务最终还是要由人来完成。真正的猎头并非信息中介，而是招聘流程管理服务以及职业顾问服务。人工智能可以解决传统招聘环节中的信息不对称问题，但猎头行业的内在人才资源积累和专业服务能力却是机器和算法无法取代的。

四、人类学到什么：接受以任务为模块的社会角色

在社会智能化程度不断加深的环境下，人工智能逐渐渗透到人类生产和生活的各个领域，其中也包括工作领域。人工智能在人们工作方面的运用，使人们从繁杂的工作中脱离出来，但却在某种程度上窄化了人们的工作范围。在智能化的就业环境下，任何职业和岗位都可以细分成一个或多个工作任务，员工只需要一套技能就可以完成工作中不同的任务模块。当今，人工智能对就业的影响，在本质上就表现为其对每个岗位中的某些任务模块的替代。

当人类工作中某一岗位内创造核心价值的任务模块表现为可被人工智能取代的任务模块时，该岗位就是可被削减的岗位，原本从事该工作的员工就可能转为监督管理职责的岗位或其他岗位。从表面上看，是人工智能把人的工作水平线提高了，实际上则是人工智能正在使人们的工作职位模块化，而人类似乎也乐于接受这样的转化形式。

人工智能可对两类人类工作进行模块化分工：一类为程式化工作，即经过一定步骤可以被编码成计算机语言的工作，又称常规性工作；另一类是非程式化工作，即难以被分解或编码成计算机语言的工作。这种分类方式与人们所从事的工作类型（脑力劳动或体力劳动）密切相关，因此是操作型或认知型的。

在过去，当自动化涉及明确的基于规则的人力和认知任务时，基本上属于被限制的范围。近年来，由于智能技术的突破，自动化逐渐扩展到越来越多没有明确规则的非程式化任务中，如集主持人、记者、歌手、诗人、画家、设计师等多种职业于一体的小冰机器人所完成的任务。人工智能与非程式化

任务的界限越来越模糊，导致许多现存职业逐渐消亡。

人类当前的许多职业都或多或少地包含着不能被自动化的部分，所以，无论是自动化程度高还是自动化程度低、操作型还是认知型的工作，都将在人工智能普及的情况下受到一定程度的影响。在工作模块化的逻辑下，最易受到自动化影响的工作大多是制造业、餐饮业、零售业等比较稳定和处于可预测环境下的体力劳动。而涉及沟通方面、运用专业知识进行决策和规划，以及创造性的工作受到的影响则相对较小。

人工智能产业的发展，一方面，增加了对专业数字技术人才的需求，数据分析师、机器人制造等职位一直处于紧缺状态；另一方面，技术的进步也促进了生产力的提高，增加了人们对一般性工作岗位和劳动力的需求。在全球迅速发展的时代背景下，我国的经济实力得到了综合提升，带动了人们收入水平和消费水平的提高，而老龄化趋势导致了对劳动力的需求，填补了机器人取代人类劳动力的需要。

从另一个角度来说，人工智能的发展也在很大程度上刺激了新兴创新市场的活力，催生出许多新的就业模式和新业态，这些新业态在短期内创造了许多新的岗位，并且为人类带来了大量的就业机会，如外卖、快递、直播、网约车、共享车等。按照人工智能现在的发展速度，其甚至可能会越来越多地涉足管理、道德评判等领域。

人工智能在解放生产力的同时，也带来了失业问题和不平等问题等。人类在发挥人工智能的潜力使之为自己服务时，也要尽可能地减少其所产生的负面影响。在劳动力市场中，不仅要积极地利用人工智能提高工作人员的素质和能力，使其更能适应智能时代的发展需要，还要构建好社会的安全网，保障被排斥在劳动力市场之外的人群的基本生活，鼓励他们利用智能手段提升自己的专业能力，鼓励并支持他们再度进入劳动力市场。

智能时代的到来，对于劳动力市场而言，也产生着新一轮的分工。自从智能设备进入人们的工作场合，人们在依赖人工智能的同时，也逐渐接受了以任务为模块的社会角色。劳动任务的模块化是以劳动分工为基础的，劳动分工与工作细分的概念很早之前就产生了，并随着社会智能化设备的发展变得越来越精准、越来越细致。

不同的时代都有与之相对应的劳动分工，智能时代的劳动分工相比于此前的劳动分工，呈现出更加明显的特征。智能时代的劳动分工属于优势互补、错位发展的全球互补。伴随着商品和经济的全球流通，劳动分工不再仅局限于部分之间的细化，而是逐渐形成了人与人之间、货与货之间、国与国之间的紧密联系，形成了一系列密切合作。全球互补带来的是企业合作全球化，或推动企业与外界企业进行优势互补。在优势互补的过程中，则会引发新一轮的工作细分，这种工作细分促进了企业之间的互动，让企业与企业之间同进退、共发展。

人工智能时代更需要发展和应用 5G 技术。5G 技术作为最新一代蜂窝移动通信技术，相比于之前的 4G 信号、3G 信号和 2G 信号，无论是在传播速率还是传播准确度上，其发展态势都是迅猛的。这就意味着前一个蜂窝天线转移到另一个蜂窝天线时，能够实现无差别连接，依靠这种无差别连接，不仅能改善用户体验，还能加强企业与企业之间的信息传递和沟通。

5G 技术依靠增强移动宽带、高可靠性和低时延、海量机器类通信三大应用场景推动全球互补，也在一定程度上间接地推动了企业与企业之间的密切合作。全球互补引发的工作细分效应也将在此基础上走向深入发展，带来市场的再一次细分，即职场细分。

职场细分是指，从原本由一个人完成的工作中划分出多个模块，在每个人完成相应的模块后进行整合，整合后的任务和之前单人完成的任务相差不大。但是，由多人共同完成并重新整合任务与之前由单人完成任务相比效率更高、质量更好。在智能技术和设备突飞猛进的环境下，职场细分在未来一段时间里将会成为企业发展的趋势之一，并且其效果将远超之前的职场细分。

工作的细分和任务的模块化促使企业在招聘人才时，更趋向于选择智能型的专业人才，注重员工的精度，而不是广度。这就要求人们在挑选工作时，优先挑选岗位，然后挑选职务，明确自己究竟想做什么工作，是否能够在工作过程中提升自我，该工作是否具有可替代性，等等。

以5G移动通信为背景，同时，人工智能、大数据、物联网等技术也发挥着各自的特点和优势，职场细分、工作细分成为企业提升工作效率和工作质量的手段之一。随着工作效率和工作质量的提高，企业也会逐渐提高对员工各方面的要求，尤其是工作的专业性方面，这就要求员工在当今的时代背景下，抓住机遇，顺势而为，提高自身的核心竞争力。

传统专业人士的工作环境已经发生了极大的改变，职场人员想要在这个高度智能化的时代脱颖而出，需要学习并掌握各种新兴的技术和能力，包括了解各种沟通方式、掌握业务范围内所需要的数据、与人工智能建立合作关系等。所以，以后的专业人士除了要掌握智能化方面的专业知识外，还需要有高度的灵活性以应对各种变化、解决各种问题。在未来，可以作为终身职业的工作会越来越少，员工的职业安全感会逐渐降低。所以，职场人员要不断提高自己的学习能力，实现自我发展，提高适应职场新任务和社会新角色的能力。

职场关系的转变不仅改变了员工的工作模式，对企业来说，也产生了新的雇佣关系，出现了联盟组织、合伙人制度、虚拟组织等新的组织方式。许多传统的常规性、重复性的工作，将逐渐被专业人士助理、海外业务外包、在线服务等新角色所释放的工作能力替代。

模块化的任务模式让职场人员更清楚地了解自己在某段时间内的任务，从而可以朝着既定的目标努力，而不至于被替代。一些企业在实行模块化分工时，以"学徒制"的方式，让需要掌握某项工作技能的员工跟着经验丰富的专业人士边学边做，近距离地学习理论知识和实际操作。

一些企业在处理外包工作和交付第三方处理的部分工作时，会特派公司员工去对接工作，或者让本企业的员工来做这些工作，以积累处理该类事务的经验。还有一些企业则是通过人工智能强大的在线学习系统，对员工进行在线模拟专业工作训练，以达到浸润式教育的目的，提高员工的综合素养。

随着社会智能化程度的不断加深，专业工作将不断被分解，机器在某些方面所扮演的角色可能会越来越重要，就业市场需要迅速做出响应，人类将不再以职业为基础，而是接受以任务为模块的社会角色。对于富有才华和经验丰富的手艺人、研发人员、数据科学家等，其所完成的是一些找不到替代方案的任务，即使是高度智能的机器人也无法取代他们。

所以，在现代职场逐渐被人工智能渗透的情况下，人机工作关系正在被重构。企业引进人工智能担任更加智慧化的工作，使职场中人类的工作逐渐模块化，人类也从机器人身上看到了自己所扮演的新的社会角色。

CHAPTER

第八章　就业与失业：
　　　　人的机遇与挑战

人工智能带来了新的挑战，会导致"技术性失业"，但同时也会带来崭新的机遇和无限的可能。面对呼啸而至的人工智能时代，我们必须加速奔跑，树立终身学习的理念，利用新资源、新平台、新渠道不断提升自我。

硅基智能和碳基智能：人工智能为何会替代人
人的不可替代性：人工智能带来的人口红利
技术性失业：凯恩斯预言
失业的态度："等待"只能让现实更糟

就业是民生之本，人工智能对就业的影响一直是备受关注的话题。面对人工智能的冲击，我们必须明确人的独特价值和不可替代性何在；面对凯恩斯预言的"技术性失业"，我们必须知道路在何方和如何选择。

一、硅基智能和碳基智能：人工智能为何会替代人

对于"什么是人工智能"这个问题，不同的人会有不同的答案，但大多数人都认同：人工智能是人类智能的模仿、弥补、延伸和增强，是人类智能在人工机器中的技术再现。人工智能的一个主要目标是使机器能够胜任一些通常人类才能完成的复杂的、智能的工作。例如，日本人工智能专家顾泽苍认为，人工智能"简单讲就是用计算机实现人的头脑功能，即通过计算机实现人的头脑思维所产生的效果"❶。

当今时代，人工智能发展迅速、应用广泛，导致社会深度智能化，对产业和就业产生了深远影响，并不断重塑人类生活形态、重建人类精神世界、重构人类发展空间。与此同时，新的挑战层出不穷，新的问题如影随形，亟须人类应对和治理。在此背景下，人们不禁要问：人工智能——以后或许会成为人造的硅基生命，相对于人——这种碳基生命而言，有什么优越性呢？人工智能会超越人类智能吗？人工智能最终能够替代人吗？

要回答这些问题，必须对人工智能和人类智能有一定的了解。人工智能与人类智能既有相同之处又有不同之处，其优越性之一在于摆脱了人类肉体的限制，超越了人类需求和生理结构的局限性。就肉体而言，人类是脆弱的——没有锋利的爪子和牙齿，没有厚重的皮毛，也没有敏锐的视觉和听力，但人类作为"地球上最鲜艳的花朵"和"万物之灵长"，能在优胜劣汰的自然界生存下来并发展起自己的文明，必有其长处——能够高度发展的智能。它包括"智"和"能"两种密不可分的成分："智"主要是指人对世界的认识能力；"能"主要是指人的行动及其对世界的改造能力。其中，思维是人类智能的核心：有了思维，人类才有独特的自觉能动性；有了思维，人类才能认识世界的奥秘，发现其背后的规律；有了思维，人类才能发明各种技术，突破自身器官的限制，大大提高改造世界的能力。

为了弥补肉体器官的种种不足，人类创造出了工具作为自身功能的延伸。从本质上来说，人工智能也是一种工具，但相较于普通的工具而言，其跨时代的进步在于对人类智能的模仿、弥补、延伸和增强。

---

❶ 顾泽苍. 人工智能技术深度剖析［J］. 机器人技术与应用，2017（1）：23-28.

人工智能摆脱了人类需求的限制，相较于人而言更加稳定和理性。根据1943年美国著名心理学家亚伯拉罕·马斯洛在其《人类激励理论》中提出的人类需求层次理论，人类的需求按层次从低到高分为生理需求、安全需求、社交需求、尊重需求和自我实现需求（见图8-1）。而人工智能没有这些需求（迄今为止人工智能的发展仍处于弱人工智能的阶段），它们只是看起来是智能的，但不是真正地拥有智能，也没有自主意识。

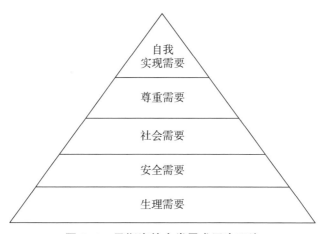

图 8-1　马斯洛的人类需求层次理论

尤为重要的是，人工智能没有社会需求，即没有情感波动。人工智能模拟人类的某些智能行为依靠的是计算机的软件和硬件，其工作严格按照人类事先设定好的程序执行，每一个判断、每一个行动都有据可循，可以根据大数据做出最理性的选择。情感机器人或许能够通过面部表情、肢体语言等推测人的情绪并做出相应的回应，但其自身并不具备感情。

在2018年中新人工智能高峰论坛上，北京大学吴霁虹教授指出，传统的投资大多数依赖直觉和经验，这种方式很难实现规模化，而且成功的概率也非常低。有了人工智能以后，通过云计算、模型训练和机器学习，传统的投资理念可以变成基于数据、算法和案例等变量管理与分析决策的循环模式，在商业环境中，人工智能将会比人类更懂用户。❶ 在商业决策中，人类的精力、获得的信息等都是有限的，想要作出正确的决定，往往需要超凡的洞察力、判断力甚至魄力，这并不是每个人都能做到的，而且人的行为难免会受生长环境、性格、情感、舆论、经验等影响，其作出的选择不一定是基于理性的最佳选择，但人工智能没有情感波动，不会受这些外在因素影响。从这个角度来说，人工智能可以作出更加智能的决策判断。

人工智能没有情感波动，自然也不会受一些常见不良心态的影响。例如，自卑心理、责任分散效应可能会导致拖延症；对前途命运的过度担心和迷茫可能会导致焦虑；对世界的悲观态度可能会导致厌世；等等。这些心理都可能对人的行为产生负作用，从而在一定程度上影响工作的效率或质量。但是，人工智能不会受到这些因素影响，自动化生产方式的可重复性极高，在原料、技术等因素相近的情况下，其生产的产品可以达到极高的一致性，而人类则可能因为情绪、环境等的影响，导致完成任务的质量参差不齐。

人工智能也没有人的生理需要。人活着总是需要睡眠、食物、呼吸等，而人工智能没有这些需要，它们不需要休息，不会经受突发疾病的困扰，只要有充足的能源就可以运行。虽然人工智能系统有时候也会出现故障，但总体而言，其比人更加稳定，效率也更高。

除此之外，人工智能还摆脱了人类生理结构的限制，在很多领域表现出了更大的潜力。作为一种工具，人工智能是作为人类智能的延伸而存在的。随着科技的发展，人们逐渐意识到人类的身体是有限制的，如人脑有信息存储、运算的上限，听力有距离的限制，等等。而人工智能的出现，极大地提升了人类的运算能力、分析能力、储存能力、记忆能力等，在这些方面，人工智能不是对人脑的简单模仿，而是超越了人脑。

人工智能能够储存并快速处理海量的数据，并能够在需要时快速地将这

---

❶ 吴霁虹：人工智能三大竞争优势［EB/OL］.（2018-06-15）［2020-05-31］. https://www.sohu.com/a/234100944_99947626.

些数据检索出来，还能通过运算发掘海量数据中的规律。当数据量较为庞大时，人脑是很难完成以上工作的。

1946 年，世界上第一台通用计算机在美国诞生，虽然它有很多缺陷，如笨重、耗电多等，但其运算速度已达到 5000 次/秒。

2013 年，"天河二号"超级计算机系统成为全球最快的超级计算机，其最高计算速度能达到 5.49 亿亿次/秒，持续计算速度能达到 3.39 亿亿次/秒。2015 年 5 月，"天河二号"成功进行了 3 万亿粒子数中微子和暗物质的宇宙学 N 体数值模拟，揭示了宇宙大爆炸 1600 万年之后至今约 137 亿年的漫长演化进程。在计算机技术出现之前，如此快速、数据量巨大的计算对人而言是天方夜谭，这也体现了人工智能的巨大潜力。

2016 年，阿尔法狗对战李世石的胜利在全球产生了轰动，这个结果让很多人首次深切地意识到人工智能的强大。阿尔法狗结合了数百万人类围棋专家的棋谱，利用"策略网络"来选择下一步棋的走法，并使用"价值网络"来预测每一步棋后的赢家。❶

显然，这种储存大量数据并迅速分析出可能结果及应对策略的能力是人脑难以具备的，这也是人工智能的优越性所在。

另外，人工智能被大量应用在高危行业，用于执行一些人类无法处理或者风险极大的任务。因为人工智能能够摆脱人类生理结构的局限性，能够适应更多极端的环境，所以在月球、深海、核电站等不适合人类生存的地方都能看见机器人的身影。在现代化生产中，人工智能将越来越重要。

人工智能的优越性还在于，一般情况下，其成本比人工更低。在技术足够发达的情况下，对于重复率高、技术含量低的工作，使用人工智能作为人的替代可以有效地降低成本、提高生产效率。

❶ 百度百科. AlphaGo［EB/OL］.［2020-05-31］. https://baike. baidu. com/item/阿尔法围棋/19319610?fromtitle＝AlphaGo&fromid＝19315265&fr＝aladdin.

改革开放后，中国经济的持续快速增长有目共睹，甚至成为一个世界奇迹。在探讨为什么中国经济发展能取得这样的成绩时，许多学者认为，这离不开我国的"人口红利"。但由于改革开放之初就施行了计划生育政策，我国的人口红利期较短，到现在人口红利已日趋消失，我国将面临"未富先老"的严峻局面。❶ 劳动力的减少是我国将长期面临的严峻形势。

人口红利的逐渐消失给我国的经济发展带来了新的挑战。在人口红利条件下，劳动者的数量较多，劳动要素接近无限供给，相应的劳动力成本较低，这也为我国带来了许多外资投入，以高投资拉动经济增长自然就成为我国经济增长的主要方式之一。但随着生育率的降低，人口红利逐渐消失，许多企业出现"用工难"现象，劳动者的身价随之水涨船高，加之国家对于劳动者权利保护的制度渐趋完善，制定了最低工资保障制度、休假制度、工伤保险制度等，劳动力的成本越来越高。

在此背景下，如果不提高生产效率，企业容易陷入困境。为了自身发展，许多企业选择了"机器换人"，引进先进的设备或许需要一大笔支出，但往往能换来更低的投入产出比。毕竟机器不用休息，不需要工资，只需设定好程序和供给足够的能源就能够不断运作，成本更低。

总之，人工智能作为一种颠覆性的新技术，拥有巨大的发展潜能和空间，它的过人之处在于能够摆脱人类肉体的限制，是人类功能的进一步延伸；它没有人类的众多需求，能够摆脱人类生理结构的局限性，可以更加稳定、高效地处理部分劳动并降低劳动成本，也能基于其特殊的性能代替人们完成许多高风险的任务，进行更多的探索，成为人类发展的"左膀右臂"，也成为不可抵挡的发展趋势。

---

❶ 都阳. 人口因素变化及其对中等收入阶段发展的挑战 [J]. 国际金融，2011（10）：3-5.

二、人的不可替代性：人工智能带来的人口红利

随着人工智能的迅猛发展，一个智能化的时代悄然来临，面对与人相似的人工智能，各种阴谋论、末日论、悲观论层出不穷。在不少科幻电影中都有这样的剧情——人工智能最终有了自我意识并且不甘于现状，想要毁灭人类。那么，我们不禁要问，面对本质上是模拟人，但在很多方面已经超越了人的人工智能，人类的不可替代性与独特价值何在？

首先，我们必须明确的是，不论人工智能怎样发展，其归根结底都是人创造的工具，应该为满足人的需要、促进人的全面发展、实现人类的不断进步而服务。在这个过程中，人始终占据主体性地位，是最终的目的所在。

人工智能是当代科技发展成果的主要代表之一，而科技是影响生产力发展的重要因素，正如马克思所说：劳动生产力主要取决于劳动的自然条件和劳动的社会力的日益改进，而后者包括"其他各种发明"，"科学就是靠这些发明来驱使自然力为劳动服务，劳动的社会性质或协作性质也由于这些发明而得以发展"❶。邓小平更是提出"科学技术是第一生产力"，事实证明，科学技术可以改进生产工具、提高生产效率、推动产业结构不断升级，最终加速生产力发展。但科技终究是为劳动服务的，只能为人们分担部分劳动，将人从烦琐、重复的劳动中解放出来，但它本身不是劳动，不能创造价值，需要依靠人的劳动才得以存在和运行。因此，如果说随着人工智能的发展，其总有一天会完全代替人，成为世界的统治者，目前来看是不可能的。

虽然人工智能不能完全替代人，但面对人工智能的强势来袭，我们需要思考人的独特价值与不可替代性何在，这也是人类认识、理解自身需要回答

❶　马克思，恩格斯. 马克思恩格斯全集：第21卷［M］. 中共中央马克思恩格斯列宁斯大林著作编译局，译. 人民出版社，2003：184.

的一个基本问题。美国卡内基—梅隆大学移动机器人实验室主任汉斯·莫拉维克（Hans Moravec）在 20 世纪 80 年代提出了莫拉维克悖论。在研究人工智能的过程中，他发现了一个和常识相悖的现象，即和传统假设不同，人类所独有的高阶智慧只需要非常少的计算能力，如推理，但是无意识的技能和直觉却需要极大的运算能力。后者是人工智能可以超越人的地方，但前者却是人工智能难以达到的，人工智能可以摆脱人类肉体的限制，所以能够在计算能力、记忆能力等方面超越人类。但相比于冷冰冰的人工智能，人有温度、有感情、会思考、能创新、能期盼，或许这便是人的不可替代性所在。

人是有感情、有社会需要的动物，《心理学大辞典》中指出：情感是人对客观事物是否满足自己的需要而产生的态度体验。心理学课程认为：情绪和情感都是人对客观事物所持的态度体验。在与外界的交互中，人会产生感情，如海德格尔所言，人是"在世界之中存在"的，世界于个人而言不只是作为意识现象的客观世界，而是此在的生存状态，此在不能单独、孤立地存在，人与世界是相互统一、相互依存的，我们可以通过世界中的存在者来领悟或者反思自身。❶

有了这种与真实世界的互动，人便会对许多事物产生感情。例如，对这个世界、对世界中的人会有深厚的感情，能够将心比心、对他人的经历感同身受，而这种感情在一定程度上会影响人的行为。人工智能在感知方面还不能完全地模拟人类，自然也没有感情波动，其作出的判断与抉择会更加理性，但理性的决定一定就是最好的吗？

在哲学上，这种理性的决定类似于功利主义的考量，即认为保证利益最大化是判断行动正确的唯一标准，而这种利益的最大化必须通过不偏不倚的计算来确保。但功利主义至今仍饱受诟病，原因在于它忽视了人的个性与特殊性，忽视了影响人作出判断的许多其他因素。如果只从这个角度思考问题，电影《流浪地球》中的刘培强就应该如莫斯（MOSS）所说的放弃地球，保留

---

❶ 海德格尔. 存在论：实际性的解释学［M］. 何卫平，译. 北京：人民出版社，2009：82.

空间站作为唯一的火种。但正是因为刘培强对于地球深沉的爱，才有了其后来孤注一掷的决定，才有了奇迹的发生。在人类对社会的种种设想中，不管是共产主义者设想的共产主义社会，还是自由主义者设想的普遍社会，都强调所有人、所有民族的充分发展。如果每个人都站在功利主义的立场上，以个人利益最大化为最终目标，这种和谐的、每个人都自由、平等、充分发展的理想社会便只能成为空想。

人是会思考的动物。人工智能与人类最大的差别在于人类有自主意识，能够独立思考，而人工智能只能模拟人的思维过程，没有独立思考的能力。帕斯卡尔曾言，人全部的尊严就在于思想，人只不过是自然界里最为脆弱的一根芦苇，能够被宇宙轻易毁灭，但他是一根能思考的芦苇，即使宇宙毁灭了他，人仍然要比致他于死命的东西高贵得多；因为他知道自己要死亡，以及宇宙相较于他所具有的优势，而宇宙对此却是一无所知。❶ 人工智能的运行本质上依靠的是人们事先设定好的程序，它可以按部就班地解决框架内可能出现的问题，但面对一些突发情况，往往就会束手无策。但人则不同，人有独立思考和解决问题的能力，面对复杂的、突发的状况，能够利用身边的资源灵活地处理。

2018年5月14日，四川航空股份有限公司3U8633航班在飞行过程中，前挡风玻璃突然破裂，导致部分仪器失灵，飞机失控，就在这生死一线的关头，机长刘传健和副机长徐瑞辰依靠过硬的专业能力与良好的心理素质，力挽狂澜，实现了"世界级"的迫降，保全了120多人的性命。这便是电影《中国机长》的原型故事，面对挡风玻璃突然破裂、飞机操作系统故障这种情况，人的重要性就会凸显出来，没有机长的沉着冷静和过人智慧，就没有这个传奇的发生。

人还有跨领域推理的能力，能做到举一反三、触类旁通、融会贯通，并可以从表象入手推断出背后潜藏的规律，做到知其然，也知其所以然。目前，

---

❶　帕斯卡尔. 思想录 [M]. 陶林，等译. 南京：江苏凤凰文艺出版社，2016：134.

机器只能帮助人类证明已有的公式，还不能创造公式或在纷繁的事物中找到背后潜藏的规律。除此之外，人还可以在实践中反思自己，能够对自身有明确的认知，并在反思的过程中不断找到自己的薄弱之处加以改进，不断完善和提升自身，而人工智能的更新换代仍然要靠人类的劳动。

人是能创新的生物。创新是人类独有的认识能力和实践能力，是人类主观能动性的体现，创新要求人们不能囿于过往的经验、成绩，而是要跳出传统思维的框架、另辟蹊径，用创造力和想象力改进或创造出前所未有的事物、方法等。当今时代，有自主意识、具备独立思考能力的人工智能尚未被发明出来，弱人工智能仍只能在人类框定的范围中运行，它能够提升工作效率，却不能思考如何进一步提高工作效率，不能实现对简单劳动的进一步超越。

另外，真正的创新也不仅仅是单纯的"求新"，还包括"计划、憧憬和对其他人的说服"，创新是新异和有用的结合，而后者就包括对未来反应的预期、未来市场的计划、未来价值的向往和憧憬，以及对其他人的说服。❶ 一般而言，创新的目的是实现自身理想或满足社会需要，在很多领域，创新理论必须作用于社会实践才能完全实现其价值，这便关系到创新社会化的问题。创新社会化离不开人与人的沟通和交流，人可以以丰沛的情感、对未来价值的向往和憧憬、创新的益处等说服他人接受创新成果。若创新成果不能被社会化，不能被大众接受，终究只能沦为纸上谈兵。

人是能憧憬未来的动物。积极心理学之父、美国宾夕法尼亚州立大学的心理学教授马丁·塞利格曼（Martin Seligman）在第三届国际积极心理学大会上指出，人的特性和优势并不是我们"学习知识、掌握知识、应用知识的能力"比其他物种强；人独一无二的卓越性在于"计划未来、憧憬未来、想象未来、创造未来的能力"。准确地说，人应该被称为"期望人（homo prospecteos）"❷。对未来的期望会影响人们的意识和行为，对未来积极的期望会让人有为之奋

---

❶ 彭凯平. 人工智能如此强大，人类的优越性在哪里？[J]. 科学与现代化，2017（1）：197-201.

❷ 彭凯平. 人工智能如此强大，人类的优越性在哪里？[J]. 科学与现代化，2017（1）：197-201.

斗的目标，给予人前进的动力，使人在困境中有坚定的信念、坚持的勇气和坚韧的毅力，激励人们为美好的未来而奋斗并不断创新。

人工智能则没有对未来的期望，它只是"活在当下"，眼中只有现在的繁杂事务，没有为了未来而改变、提升自己的意识。这种对未来的憧憬是人类进步的动力之一，例如，从古代开始，人类就憧憬离开地表，去探索天外世界的神奇奥秘，这种憧憬推动了科技的发展。现在的人类已经能够去往太空，但太空仍然浩渺无垠、有着无尽的奥秘，这种憧憬将会继续推动航天事业的发展。

著名作家郝景芳曾言：在未来，工厂机器流水线留给机器人，人会以更加富有创造性的方式与流水线竞争。人的独特性会体现出来：思考、创造、沟通、情感交流；人与人的依恋、归属感和协作精神；好奇、热情、志同道合的驱动力……人的综合感悟和对世界的想象力，才是人和任何机器人最大的差别和竞争力。❶

与人工智能相比，人或许脆弱，或许愚笨，但人的不可替代性在于，人是有感情、会思考、会创新、会憧憬未来的生物。人有情感，所以现代社会不是冷冰冰的社会，而是充满了人情味和温度；人会思考和创新，所以社会仍在不断地发展进步；人能够憧憬未来，所以能够坚定地朝着自己的目标迈进。不论人工智能如何发展，人都是其发展的最终目的。

三、技术性失业：凯恩斯预言

在《我们后代的经济前景》一文中，英国著名经济学家约翰·梅纳德·凯恩斯（John Maynard Keynes）曾经提出"技术性失业"的概念。他预言人

---

❶ 郝景芳．"未来可能是每个人教育每个人"：人工智能时代的社会与教育［EB/OL］．（2017-01-24）［2020-05-31］．https://www.sohu.com/a/125080772_505810.

类将会遭遇一种新的疾病，即"由技术进步而引致的失业"，这是因为我们发现节约劳动力的方法的速度，远远超过了我们为劳动力开辟新用途的速度。但凯恩斯在做出这一预言的同时，也很乐观地认为，这并不一定是一件坏事，因为随着科技、经济的发展，人们会从经济束缚中解放出来，赢得真正的闲暇，生活会变得更加明智而惬意，每天或许只工作3小时就已足够。

而放眼当今世界，"996""007"现象的出现，说明真正的闲暇对于大多数人来说仍遥不可及，但凯恩斯的预言至少对了一半：科技在不断地发展，技术性失业的问题也一直在困扰着人们。面对失业的阴云，人们不禁要问：科技的发展到底会对就业产生怎样的影响？是否会导致大规模失业？

随着智能技术的发展，人工智能逐渐能满足越来越多岗位的需求。近年来，机器人在工业和服务领域的应用迅速增长，大批原先必须由人类完成的工作已被智能机器代替。根据数据分析公司 Oxford Economics 公布的数据，自2000年以来，已经有170万种制造业工作被机器人取代，其中包括欧洲的40万、美国的26万和中国的55万种工作，中国的增加速度是最快的，到2030年，全球将有2000万个制造业岗位被机器人取代。根据麦肯锡公司发布的报告，全球50%的工作内容可以通过改进现有技术实现自动化，高达60%的职业有三成以上的工作内容可以实现自动化。到2055年，当前所有工作内容中超过一半将实现自动化，这一过程虽然受多重因素影响，但前后误差约为20年。❶

使用机器代替人力似乎已经成为一种潮流，这不仅是因为机器本身的优越性，也是因为当今时代国际经济形势复杂多变，经济全球化加剧了竞争，我国人口红利又逐渐消失，人力成本显著上升，这时用数字化、网络化、智能化的机器推动传统产业转型升级，推动技术红利替代人口红利，让经济增长从高投资拉动转变为多要素均衡驱动成为中国经济可持续发展的最优选。

---

❶ 麦肯锡全球研究院. 人机共存的新纪元：自动化、就业和生产力［EB/OL］.（2017-01-01）［2020-05-31］. https://www.mckinsey.com.cn/人机共存的新纪元%EF%BC%9A-自动化、就业和生产力/.

麦肯锡全球研究院的报告指出，根据应用速度的不同，基于人工智能的自动化提升的生产力每年可为中国贡献0.8~1.4个百分点的经济增长。❶

2012年年底，浙江、江苏的传统制造企业就已经逐渐兴起了"机器换人"的浪潮。2014年，东莞明确将发展工业机器人产业、推广机器人应用作为发展实体经济的重点工作之一，并安排了1200万元的资金鼓励企业进行数控设备的升级改造，自此在珠三角乃至全国掀起了一场"机器换人"的浪潮。根据中投顾问的数据，未来在中国制造业的工厂里，机器人将替代一半以上人的劳动，"机器换人"正在成为越来越多企业转型升级的共识，61.5%的企业至少会减少10%的一线员工，其中16.3%的企业将减少30%以上的一线员工。而大量事实也证明，实施"机器换人"后，企业不仅推进了设备的自动化和数控化，还推动了生产管理、信息化管理等一系列管理方式的转变和创新，让企业从"制造"向"智造"又迈了一大步。随着制造业智能化的升级改造，我国智能制造装备产业呈现较快的增长态势，2017年市场规模突破1.5万亿元，2018年，我国智能制造装备行业市场规模达到1.6万亿元以上，2019年则达到1.9万亿元。❷

任何事物都有两面性，技术进步的确会让一部分人失去工作，但也会给就业市场带来积极的影响。从长远来看，人工智能时代的来临意味着社会结构、经济结构的重新调整，工作形式也将随之发生改变，会推动就业方向、用工方向的进一步变革。这种改变可大致分为两种：一种是传统职业的升级，另一种则是新职业的产生。总的来看，技术变革最终也会增加新的就业，只是被时代潮流裹挟的个人或许很难察觉。每一个时代的变革都会催生新的机遇。科技的发展必然会促进传统产业结构的升级和优化，加快经济发展方式的转变，而人工智能作为新一轮产业变革的核心驱动力，将成为经济发展的新引擎。

❶ 麦肯锡全球研究院. 中国人工智能的未来之路 [EB/OL]. [2020-05-31]. https://www.mckinsey.com.cn/中国人工智能的未来之路/.

❷ 中投顾问. 2020—2024年中国智能制造装备产业深度调研及投资前景预测报告. http://m.ocn.com.cn/2012/1332zhinengzhizaozhuangbei.shtml.

　　人工智能与传统行业的结合能推动传统职业的转型升级。这点在前文已经有所提及，"机器换人"的浪潮导致了一些工人失业，但企业仍然需要大量的人才，尤其是能熟练使用相关技术操控机器、能和机器互动的高端人才。根据教育部、人力资源和社会保障部、工业和信息化部发布的《制造业人才发展规划指南》的预测，2025年我国高档数控机床和机器人领域人才缺口将达到450万（见表8-1）。未来将是一个人类与机器共存、共同完成各类工作的时代。

表8-1　制造业十大重点领域人才需求及预测　　（单位：万人）

序号	十大重点领域	2015年	2025年	
		人才总量	人才总量预测	人才缺口预测
1	新一代信息技术产业	1050	2000	950
2	高档数控机床和机器人	450	900	450
3	航空航天装备	49.1	96.6	47.5
4	海洋工程装备及高技术船舶	102.2	128.8	26.6
5	先进轨道交通装备	32.4	10.6	—
6	节能与新能源汽车	17	120	103
7	电力装备	822	1731	909
8	农机装备	28.3	72.3	44
9	新材料	600	1000	400
10	生物医药及高性能医疗器械	55	100	45

资料来源：《制造业人才发展规划指南》。

　　除了与传统行业相结合，人工智能本身就是一个巨大的市场，有着难以估量的发展潜力。2019年，人工智能企业开始加快落地应用探索，基础层、技术层企业开始向应用层下游渗透，人工智能相关应用产品更加丰富，对于不同应用场景，人工智能企业能够提供更全面的综合智能化解决方案。2019年中国人工智能市场规模达到489.3亿元，增长率27.5%。根据中投顾问预

测，2024 年后，中国人工智能市场规模将超过 1780 亿元。❶

人工智能对经济发展的影响还在于它会催生新的就业领域和发展空间，产生许多新产品、新技术、新职业，如数据分析、软件和应用程序开发、机器人、3D 打印等。2019 年，人力资源和社会保障部、市场监管总局、统计局正式向社会发布了 13 个新职业信息：人工智能工程技术人员、大数据工程技术人员、数字化管理师、工业机器人系统操作员、工业机器人系统运维员等赫然在列。❷ 除此之外，人工智能还能拓展企业的发展空间和发展领域，而企业的进一步发展壮大又需要更多的人。

当然，对于不同的行业，人工智能对就业造成的影响也不同，李开复曾经提出一个"5 秒钟准则"，即如果人可以在 5 秒钟之内对工作中需要思考和决策的问题作出相应的决定，那么，这项工作就有非常大的可能性被人工智能技术全部或部分取代。❸ 那么根据这个原则，重复性高、技术含量低、无创意的工作很可能会被人工智能取代，如劳动密集型企业的工人、电话接线员、司机等；而需要创造力、想象力和较多专业技能、需要思考和推理的行业受的影响则较小，如作家、工程师等。

当然，这并不是绝对的。现在看来，一些需要技能的职业，如律师、医生、股票和债券交易员等职业也受到了人工智能的冲击。例如，法律在线服务网站已经可以使用算法指导客户起草合同，能通过大数据为医生提供更适合病人的解决方案的超级计算机沃森也一直在改进当中。

此外，科技的发展需要一个长期的过程，不可能一蹴而就。当前的人工智能仍处于弱人工智能阶段，距离全环节的产业化和全面性应用还有一段距离，具有人类智力水平的人工智能目前仍然是科学幻想。所以即使人工智能会导致部分失业，也不会在短时间内导致大规模失业，人们还有足够的时间

---

❶ 中投顾问：中国人工智能技术应用分析［EB/OL］.（2020-09-10）［2021-06-08］. https://caifuhao. eastmoney. com/news/20200910121933326542030.

❷ http://www. gov. cn/xinwen/2019-04/03/content_5379319. htm.

❸ 李开复，王咏刚. 人工智能［M］. 北京：文化发展出版社，2017：155.

来提升自我，迎接挑战。

人工智能取代人还受许多其他综合因素的影响，如成本、国家政策、伦理情感因素等。在产业技术水平有限的情况下，机器虽然可以提高效率，但机器的购入、后续的维修等都需要大笔支出，或许还要聘请专业的技术人员来操纵机器，不能保证其成本比雇用工人更低，这可能会影响经营者的决定。现在全球很多国家都面临人口老龄化的危机，机器人看护也随之兴起，护理机器人的研究被提上日程。但在不少人眼中，护理机器人虽然能够给老人、病人提供必要的看护，但还是无法代替保姆、护工的陪伴，而且这也会产生新的伦理问题，如护理机器人是会鼓励更多的家庭对话，还是会让亲人离老人更远。

大约一百年前，凯恩斯预言人类将会陷入"技术性失业"的困境，的确，人工智能时代的来临将许多人逼到了悬崖边，"技术性失业"就像一把达摩克利斯之剑一样悬挂在他们头顶，并随时可能落下，这是时代转型不可避免的阵痛。但是从长远来看，这也是时代发展必须付出的代价。人工智能的发展是大势所趋，其在淘汰落后产业的同时，也在创造新的产业，创造新的岗位，人工智能的发展也离不开人才，只是它需要的人才与以往有所不同。面对"技术性失业"的困境，每个人都面临着选择，是选择主动求变，适应时代的变化，还是被动接受，等待命运的来临？选择前者意味着拥抱时代，或许能于困境中窥得一丝生机，选择后者则意味着将主动权交给命运，随时可能被时代所抛弃。

四、失业的态度："等待"只能让现实更糟

于个人而言，一份工作不仅是生活的保障，也是实现个人价值的重要方式；于国家而言，就业是民生之本，关系到社会的和谐稳定和国家的可持续发展；于社会而言，失业会导致一系列的社会问题，如犯罪率上升、消费水

平降低、贫富差距变大等。对机器的焦虑与恐慌、对"技术性失业"的担忧，并不是我们这个时代所特有的现象。从机器大工业时代之初，人们对机械化浪潮就已经产生了担忧和焦虑，18世纪出现的卢德运动体现了这一点，当时英国工人为了夺回被机器代替的工作岗位，选择捣毁机器发泄愤怒。那么，面对人工智能时代的潮流，个人又该如何抓住机遇、提升自我呢？面对"技术性失业"，个体又该何去何从？

第一，必须正视并接受人工智能的发展。人工智能的发展已经成为一种不可逆的潮流，我们能做的只有努力跟上它、适应它。在国家层面，我国已经认识到人工智能的重要性，大力支持人工智能的发展，2016年人工智能就已进入国家战略地位，在《中华人民共和国国民经济和社会发展第十三个五年规划纲要》（"十三五"规划）中，智能制造和机器人成为科技创新的重大项目之一；2017年国务院发布了《新一代人工智能发展规划》，提出要牢牢把握人工智能发展的重大历史机遇，引领世界人工智能发展新潮流。

在企业层面，很多企业已经意识到人工智能可以给企业带来效益，"机器换人"的热潮便是最佳例证。在这方面，长三角和珠三角的企业目前走在前列，但随着人工智能的发展和普及，越来越多的企业都会意识到这一点。现代社会竞争激烈，跟不上潮流的企业便会被淘汰，为了企业的长远发展，提高智能水平、降低生产成本势在必行。

作为个人，受眼界、学识、经历等影响，当时代的变革速度超过个人适应速度的时候，难免会产生焦虑、迷茫、焦躁，但时代的车轮不会因为个人的情绪而停下，只会滚滚向前地将不能适应的人远远抛下，这时我们更要转变观念，意识到人工智能的迅速发展将深刻地改变社会生活的方方面面。面对不可抵挡的趋势，要想不被后浪"拍在沙滩上"，只能主动地去适应它，以开放、包容的心态去面对它，以开放的思维积极学习新的劳动技能，而不是被动地亦步亦趋，等着天上掉馅饼。

第二，要端正心态，保持积极乐观，不要因为失业或面临失业危机而怨天尤人。"祸兮福之所倚，福兮祸之所伏"，从另一个角度看，失业不一定是一件坏事，毕竟塞翁失马，焉知非福。如果只看到失业或失业危机对自己生活造成的负面影响，沉迷于抱怨命运不公，那么失业就只能成为幸福生活路上的"绊脚石"。但如果懂得转变思维方式和看问题的视角，将失业看作激发潜能的机会，看作下一个更好工作的开端，激励自己利用这种难得的空闲时间多学习新知识，拓宽自己的视野，提高自身的能力和素质，主动接受职业培训，说不定会"柳暗花明又一村"，失业就会转而成为幸福生活路上的"垫脚石"。

第三，面对人工智能时代带来的新挑战，要树立终身学习的理念，培养终身学习的能力，积极重塑劳动技能，让自己全面、充分地发展。为了解决结构性失业的问题，斯坦福大学顶尖人工智能专家、著名创业家杰瑞·卡普兰（Jerry Kaplan）曾在其著作《人工智能时代》中提出"职业培训抵押贷款"的观念，即当雇主难以找到具备合适技能的人时，可以给还未具备合适技能但又有意愿获得这份工作的人提供职业培训抵押贷款，如果一切发展顺利，便可以实现定向雇用，雇员则用所得收入偿还贷款。❶ 但这种设想的实施需要一整套制度的保障，现在看来仍过于理想化，劳动者想要增强自身的竞争力，更多的还是要靠自己不懈的努力。

学习是人类认识世界、不断完善和发展自身的必由之路。当今世界科技发展日新月异，新的情况、问题、挑战层出不穷，学校的教育时间和内容毕竟是有限的，不能完全满足技术进步和社会发展的需求，只有树立终身学习的观念，不断重塑知识结构，才能迅速适应不断变化的世界。

迄今为止，人工智能可以取代的职业大多集中于技术含量低、重复率高的行业，那些被人工智能潮流逼到悬崖边的人们要想重新掌握主导权、找到自身的价值所在，就要抓住机遇、积极主动地加入人工智能的浪潮之中，向更高的层次发展。

---

❶ 卡普兰. 人工智能时代［M］. 李盼，译. 杭州：浙江人民出版社，2016：148-150.

　　智能化时代对就业市场的影响还在于，当劳动者的现有技能无法满足新产业的要求而面临"技术性失业"时，就业市场的门槛也会提高，技术的快速发展变革加剧了技能落后的风险，劳动者如果不重新学习新的劳动技能、接受新的培训，将很难找到令人满意的新工作。换言之，随着时代的发展，社会对劳动者的技术水平、综合能力等有了更高的要求，更凸显了高素质复合型人才的重要性。除了传统的技能之外，求职者往往还要具备良好的沟通能力、学习能力、对风险的把握能力、跨文化敏感性、创造力等，这样才能在职场中如鱼得水。

　　除了要具备终身学习的意识之外，培养终身学习的能力也是极其重要的。这种能力包括从纷杂的资源中找到适合自身发展的道路、通过不同渠道寻找需要的学习资源等，既要知道学习的重要性，也要知道学什么和怎么学。李开复曾总结人工智能时代最核心、最有效的学习方法，其中就提到要主动向机器学习，既学习人—人协作，也学习人—机协作。❶ 要想跟上时代步伐，就要积极地学习与人工智能相关的新知识、新技能，并投身实践，在实践中不断深化对人工智能的认识，重塑自己的思维方式和知识体系。

　　第四，要培养创新精神和能力，善于利用人工智能时代的新资源、新平台、新渠道等。面对失业危机带来的恐惧，杰瑞·卡普兰（Jerry Kaplan）曾说道："实际情况是，工作的本质将会发生改变，而重点会转移到那些人能比机器完成得更好的任务上去。未来，这种工作将是那些需要和他人建立情感联系、展现同理心、演示特殊技能、制造美的物品、启发年轻人，以及激发有目标感的活动。我相信，未来工作的主要内容一定是那些需要人类独有技能参与其中的任务。"❷ 在人工智能时代，许多体力劳动都能被机器代替，但具有创造性的、需要思考和大量交流的劳动很难被人工智能代替。创新是人类的不可替代性所在。

---

❶ 李开复，王咏刚. 人工智能［M］. 北京：文化发展出版社，2017：283.
❷ 卡普兰. 人工智能时代［M］. 李盼，译. 杭州：浙江人民出版社，2016：中文版序.

新兴技术的发展让普通人有了更多创新创业的机会和可能，"互联网+"和"智能+"的快速发展、移动通信终端的广泛普及，以及淘宝、抖音等平台的兴起，让市场资源的流动以及重新配置更加灵活迅速，让有梦想、有意愿创业的人有了更广阔的平台，极大地降低了创业的门槛。随着科技的发展，就业的渠道进一步拓宽，这让人们有了更多的选择，在再就业时可以充分利用这些便利的新资源、新平台和新渠道，也可以在此基础上尝试自主创业。创新创业是社会进步的永恒动力，我国已经意识到了创业创新对于推动经济发展、促进经济结构转型升级的重要作用，自2015年起就开始大力支持大众创业、万众创新，现在已经取得一些成果。

当然，除了个人层面，国家和社会也必须采取措施保障就业。首先，要推动职业教育的改革，加强职业技能培训，推动职业教育、高等教育的协调发展，针对新时代多样化的学习需求，提供有针对性、定制化的职业培训，如人机合作、数字化、自动化的职业培训等，让劳动者对人工智能的发展有更深刻的了解，提升劳动者自身的就业、创业能力。还要加强对职业教育的宣传，营造尊重劳动的社会风尚，减少社会上对职业教育的歧视心理。

其次，要建立完善的社会保障制度和失业保险制度，确保失业者的基本生活所需，帮助失业人群度过失业与再就业之间的过渡期，让所有人共享发展成果，但要注意保障的"度"，过高的社会福利反而不利于失业者的再就业。

再次，要拓宽就业渠道，加强对重点群体就业的扶持，加快健全人力资源市场和就业服务体系，让企业和劳动者能够更好、更快地对接，为他们的双向选择提供平台和基础。

最后，继续大力鼓励大众创业、万众创新，鼓励多渠道多形式就业，鼓励以创业带就业。德国作家赫尔曼·黑塞在其名著《在轮下》中写道："面对呼啸而至的时代车轮，我们必须加速奔跑。有时会力不从心，有时会浮躁焦虑，但必须适应。它可以轻易地将每一个落伍的个体远远抛下，碾作尘土，且不偿命。"❶ 的确，人工智能对许多人产生了巨大的影响，造成了暂时性的失业，但面对失业，等待只能让现实更糟，我们能做的，只有先从自身做起，主动迎接这股潮流，端正心态，树立终身学习的理念。人工智能在给劳动者带来危机的同时也带来了无限机遇，要抓住难得的机遇，利用新资源、新平台、新渠道不断地充实、提升自己，并从中找到新的方向，才能成为时代的弄潮儿。我们要时刻牢记的是——行动永远比沉默更有力量。

---

❶ 黑塞. 在轮下 [M]. 吴忆帆，译. 上海：上海三联书店，2013.

第三部分

人工智能时代的就业准备

CHAPTER

第九章　　**导航与续航：
我们现在应该做什么**

在人工智能时代，编程是一种"全球语言"，如果孩子在母语之外只能学习一种语言，那就应该是代码——人工智能教育要从娃娃抓起。构建人工智能从幼儿教育至中小学教育，再到高等教育和专业教育的完整体系，对提升一个国家的人工智能"续航"能力是至关重要的。

人工智能要从娃娃抓起：代码是孩子的第二语言

智能时代的青少年：中小学的人工智能教育

我是人工智能大一学生：中国高校的探索

绸缪智能蓝领时代：人工智能的职业教育培训

目前，在幼儿教育中已经开始重视人工智能的渗透，在中小学、大学、职业培训阶段更是如此。人工智能技术的飞速发展，逐渐改变了当下的教育环境，从而使社会对教育的要求也越来越高。人工智能时代，我们应该有怎样的教育？怎么为就业做准备？这些都成为当下讨论的热点话题。

一、人工智能要从娃娃抓起：代码是孩子的第二语言

2019 年 12 月 11 日，苹果公司首席执行官蒂姆·库克（Tim Cook）在新加坡接受采访时称，代码是一种"全球语言"。他认为，虽然代码不会为人类创造新的界限，但它为创造性的问题解决提供了机会，应该将编码注入数学、历史或英语课，并呼吁孩子从小学习编码，如果孩子们在母语之外只能学习一种语言，那应该是编码。

的确，代码将成为孩子的第二语言，人工智能教育要从娃娃抓起，幼儿学习编程应该受到重视。幼儿时期是语言学习和数字掌握的关键期。他们生长在这个智能时代，就要从小为适应这个时代的生存和发展做好准备。

科学研究已经证明，0~3 岁是人这一生中最重要的一个发展时期。对于幼儿而言，他们在玩耍、接触、互动的过程中，能够触摸到实际存在的物品时，学习效果最好。基于这一原因，幼儿编程应以实体化形式开展。人工智能时代，幼儿所接触的环境在很大程度上是智能环境，从小受到智能化的熏陶。因此，新时代的幼儿具备编程技能已是刚需。

其实，早在 1968 年，近代人工智能领域的先驱者之一西蒙·派珀特（Seymour Papert）就已经提出了关于编程教育的设想，美国成为最早提出并发展编程教育的国家。在美国，对于人工智能的学习最早已经开发到了幼儿阶段，幼儿通过编程教育，能够提高语言能力、拓展思维方式以及锻炼协调能力。国际上的大量实践研究都表明，幼儿可以接受编程教育，代码将成为孩子的第二教育语言。

以美国的编程机器人 KIBO 为例（见图 9-1），它是由美国塔夫茨大学的 DevTech 研究小组专门针对 4~7 岁幼儿设计的机器人套件。综合儿童的心理认知能力、学习方式特点、心理健康发展需求等多方面的因素，KIBO 编程机

器人能够对孩子的科学、文化、艺术等活动进行启蒙。KIBO 机器人是一套机器人搭建和编程平台，包括电动双轮小车。通过 KIBO，幼儿能够建造、编程、装饰自己的机器人，幼儿可以使用小车前部的扫码器逐条扫描积木上的指令，从而组建一系列程序，之后按下按钮，双轮小车就会开动起来，按照指令执行动作。

图 9-1　编程机器人 KIBO❶

　　著名德裔美籍发展心理学家与心理分析学者爱利克·埃里克森（Erik H Erikson）的社会心理发展理论将人的一生分为八个阶段，在每个阶段都要面临某种特有的困境。若解决了困境，那么个体将会健康发展；若问题没有得到解决，那么这一阶段的困境将会延续到下一困境中，以至于在未来发展时再次遇到困难。针对孩子在 4~5 岁时的 "主动性与愧疚感" 心理发展，KIBO 的课程设计能够帮助孩子在游戏中锻炼自信心。虽然在使用 KIBO 时也会遇到挑战，但是它独特的趣味性更胜一筹，因此能够被大多数的孩子所接受。

　　不管是从幼儿发展角度还是编程教育的角度来看，幼儿使用 KIBO 编程机器人，首先能确保的就是他们从小就能领略到科学技术的魅力。在他们思维

❶　http://t.cn/A62JLUf6.

最开放的成长阶段，开始理解并驾驭科技，既能锻炼思维又能增强自信心。研发 KIBO 的 Marina Bers 教授曾说过，编程的关键应该存在于孩子的相互交流之中，在共同合作学习中培养技能，这也正是幼儿编程教育的本质。同样，KIBO 编程机器人能够教会孩子的不仅是编程语言，还有计算思维的方式。

美国对幼儿编程教育的重视，不管是在理论上还是在实践发展上，都带给我们很多启示。近几年，我国幼儿编程的发展也有了一定的成果，例如，吴俊杰为儿童编程语言 Sciatch jr 应用于幼儿园课堂设计了课程，邢鸿飞介绍了 Primo 推出的 Cubetto——一款为 3 岁幼儿设计的编程玩具。这些学者结合我国的实际情况，从不同角度分析其可行性及实施意义，为我国幼儿编程教育的发展起到了一定的推动作用。

吴俊杰老师是中国第一批 Scratch jr 的使用者，也是较早开始关注这个程序并将其设计应用到幼儿至儿童阶段的教育中的人。Scratch jr 编程语言的使用非常简单，只需在平板电脑上以触摸的方式制作一些小程序，设定颜色、动画效果等就可以完成了。它的逻辑知识是最基本的情感交流工具，孩子在应用这一程序时，其所思所想都可以用 Scratch jr 编程展示出来。例如，编程中会有不同的场景，在场景中又包含各种角色，每一种角色都有对应的程序来设定其出场顺序，设定好程序的指令便可以来沟通交流了。

Primo 推出的 Cubetto 是一款针对 3 岁幼儿设计的编程玩具，它包含木头的轮子、彩色的积木、供电的电池，并由这些组成孩子学习所需的程序语言。这一款编程玩具的操作也非常简单，只需把正确颜色的积木合理安放在机器人身上，机器人就能做出与之相应的动作。这一过程能够启发幼儿对程序语言的概念，还能发展其潜在的思维能力。

在编程教育领域，许多学者都曾探讨过计算机思维的有关问题，最终提出计算机思维是一种分析性思维这一结论。而在幼儿编程的教育目的中，最基本的便是培养幼儿的计算思维。由此可见，分析性思维是每个人都应具备的基本思维，像科学思维、数学思维一样，培养受教育者的思维计算方式，以至于能够独立解决问题。目前，通过大量的研究与实践，美国学术界认为大致有以下七个适应幼儿编程教育的有关计算思维的核心概念：算法、模块化、控制流程、表示、软件与硬件、设计过程和调试。

除此之外，有关幼儿编程教育的教学方式也被大家所讨论。有的学者认为，幼儿阶段以实体触摸学习为主，因此在编程教育过程中，要多以具体化、形象化的方式进行教学。有的学者认为，学习编程代码本来就是枯燥乏味的一件事，更何况注意力还没有发育完善的幼儿。因此，要将编程教育与艺术、游戏等结合在一起，使孩子有兴趣、开心地学习；另外，幼儿编程教育并不是直接将代码知识呈现在幼儿面前，而是让幼儿在一个放松的环境里进行创造性发挥，他们在潜移默化中就接受到编程教育的启蒙。

其实，编程环境应符合"低门槛、高天花板、宽墙壁"的特点。所谓"低门槛"，是指编程教育的入门应该是轻松简单的，就像 Scratch jr 积木块、KIBO 机器人，它们都是以简单有趣的方式对幼儿进行启蒙；"高天花板"是说编程的概念很广，能量也很大，而编程工具也具有足够大的能量来促进知识的迁移；"宽墙壁"的意思就很简单了，它是指幼儿在编程教育中，能够发挥无穷无尽的想象，然后通过想象力创设情境进行编程的创建。

近几年，国家通过政策等形式鼓励编程教育的发展，全国上下掀起了一股编程教育的热潮。在人工智能知识和技术逐渐得到普及的当下，社会对幼儿编程教育问题越来越重视。但要注意的是，在引入国外的幼儿编程教育经验时，一定要结合我国的国情，不能盲目照搬。同时，我国要努力丰富编程教育的内容，加大重视程度，通过积极的研究与实践，早日构建一个具有我国特色的幼儿编程教育体系。

二、智能时代的青少年：中小学的人工智能教育

"'人工智能+教育'正在掀起教育的一场革命。它改变着教育的生态、

教育的环境、教育的方式、教育管理的模式、师生关系等。"中国教育学会名誉会长、北京师范大学资深教授顾明远感叹道。简单来说，人工智能教育俨然不再是前沿论坛上的专属词汇，它离我们的生活越来越近。从幼儿教育到中小学教育，再到高等教育，人工智能无处不在。

为适应智能时代的发展，中小学教育也作出了相应的发展对策，2019 年 3 月，教育部公布的《2019 年教育信息化和网络安全工作要点》中明确指出：中小学生信息素养测评将全面启动，并推动人工智能相关课程在中小学阶段的设置，逐渐推广编程教育，也将编制《中国智能教育发展方案》。智能时代的到来，使教育逐渐智能化，其中最明显的便是将机器人、编程、航模等融入课堂教学中。

中小学教育智能化的发展，不仅仅是将智能化的授课方式融入课堂，还包含对信息技术课程的改革，尤其是对编程教育的重视。智能化时代背景下，各中小学通过改革课程体系，优化人工智能与教育的结合。另外，更加注重培养学生的思维能力与创新能力，倡导"发现问题—设计建构"的学习模式。在教学理念上，适应智能时代发展的同时，紧紧围绕 STEAM 教育的核心思想开展，即跨学科融合、团队协作式教学。

腾讯公司高级执行副总裁、云与智慧产业事业群总裁汤道生在 2019 年世界人工智能大会（WAIC）教育行业主题论坛上，就教育与科技如何应对人工智能时代的到来做了主题演讲，以腾讯面向中小学阶段推出的"腾讯智启学堂"为例，介绍孩子们如何通过 AI 进行智能化课程的学习。分析中小学生通过平台进行编程教育的优势，最后总结道，人工智能正从以下三个方面改变着教育。

首先，人工智能改变了教育的评价方式。其意思是，人工智能应用于教育，而教育评价作为核心场景之一，已从以往的结果性评价变为过程性评价。除此之外，人工智能还扩大了教育评价的范围，人工智能的加入，把语音、图形等信息都纳入评价范围。人工智能能够帮助老师进行评价工作，不仅使评价标准更加规范，还帮老师减轻了工作量，节省下来时间去参与主观性更强的工作。就像"企鹅辅导"一样，作为一款在线教育产品，它能根据人工智能评价系统自动地对学生的个人学习状况进行分析，并在此基础上制订相应的学习计划。

其次，人工智能进入中小学，能促进校园管理的效率。例如，人脸识别技术能够解决人工识别身份的问题。这一系统不仅仅只在进入校园这个环节中得到应用，还能够被用作校园系统 ID，帮助管理者全方位了解学生的成长状况。目前，腾讯也有比较成功的案例，像"腾讯智慧校园"，它已经覆盖了全国一万五千所以上的小学。

最后，"人工智能+教育"的逐渐普及，驱动了人工智能的大力发展。教育本身就是一个比较多元的领域，既复杂又专业。而人工智能应用的场景千变万化，二者相结合后的涉及面更加广泛，因此需要更多行业伙伴的共同努力。腾讯所做的主要工作是连接，即将 C 端的能力与经验进行输出，同时提供连接器。为了给用户提供更好的服务，就不再是仅仅实现 C2B2C 那么简单了，而是要做连接工作之外的"生态"。这便需要企业结识更多领域的伙伴，大家一起为"人工智能+教育"努力。

人工智能在当下比较热门，它作为一种新兴的智能科技，具有广阔的发展前景。而中小学生正处于青少年阶段，各方面机能发展还不完善。因此，在发展中小学人工智能教育时，一定要结合素质教育的目标、青少年身心及智力发展水平，以此建立一个规范的青少年人工智能素质课程体系。目前，我国对中小学生的人工智能教育日益重视，主要体现在：在教育改革上，教育部加快对人工智能教育研发的推进，各部门都在努力探索如何更好地将人工智能应用于课堂；在课程设置上，不仅将人工智能有针对性地与其他学科课程相结合，还另外开设了人工智能相关课程；在教学内容上，增加了人工智能相关的基础知识。

以山东省青岛市为例，自 2019 年人工智能产业共同体青岛会议开幕以来，青岛市各部门对人工智能教育越来越重视。青岛市表示要重视人工智能在教育行业的发展，力争在 2035 年，培养一批人工智能新型技术人才。另外，开始在中小学课堂中开设人工智能教育课程（见图 9-2），对人工智能课程教材的编写、教师的培养也开始重视起来。

图 9-2　青岛市崂山实验二小开设人工智能课程❶

　　教育是人才培养的关键一环，人工智能人才的培养需要人工智能方面的教育，青岛市崂山实验二小为实现这一目标做到了"人工智能+教育"。例如，在课堂实践中，学生们按照圆桌进行分组，每人一台电脑，以"人脸聚类"为课堂主题，先根据老师的问题自主寻求答案，随后由老师一步一步地引入，便开始了这门课的主题教学。小学生的人工智能教育多以启蒙为主，目的在于能够激发起学生对人工智能知识的兴趣，对基本的概念有一些了解即可。因此，小学生的人工智能教师多从贴近生活的种种场景切入，进行简单的编

---

❶　http://t.cn/A62JLmlv.

程实践活动。

而中学的人工智能教育则是以编程为主，重在培养学生的思维能力，如做些简单的编程小尝试。到了高中才会涉及专业的算法与机器学习、深度学习等。《人工智能（高中版）》的教材也于 2021 年 5 月正式出版发行，由图灵奖得主姚期智院士主编，教材全面介绍了人工智能领域内的原理知识，将理论结合实践，帮助高中生以正确的方式思考有关人工智能的科学。另外，编委团队精选了 8 个人工智能的核心基础模块，包括搜索、机器学习、线性回归、决策树、神经网络、计算机视觉、自然语言处理与强化学习。这样一来，中小学各个阶段的学生都有了明确的培养计划。

近几年，虽然我国在中小学人工智能教育问题上取得了很大进展，但是我国的中小学人工智能教育仍处在起步阶段，在许多方面仍然存在不足，主要表现在以下两个方面。

第一，各地区重视程度与实际开展的人工智能教育活动不匹配。虽然各地区都在积极响应国家提出的有关人工智能教育的方案，但由于实施时间较短，现阶段的中小学校仍不能全面覆盖 AI 教育。已经开展的人工智能课程在整个课程体系中所占的比例微乎其微，主要还是以选修课为主，与国际数据相比还存在比较明显的差距。

第二，教师和学生学习人工智能的积极性差，没有从根本上受到课程体系的影响。目前，各学校面对中考、高考的升学压力，对学生的考核评价体系还是以考分为主，学校课程体系仍以文化课为主，学校虽然开设了人工智能课程，但因不在考核范围之内而不被学生重视。

发现问题然后改进，问题才会得到解决，中小学人工智能教育问题也是如此。为了更好地发展人工智能教育，形成适应我国发展的人工智能教育体系，现提出以下建议。

第一，人工智能教育课程的设计要遵循学生的身心发展规律，重视学生内驱力的发展。青少年的身心发展具有阶段性、顺序性的特点，因此要分阶段地设计人工智能课程，使课程能够适应各个年龄阶段学生的发展。另外，将人工智能的相关知识与数学、英语、科学等课程相结合，在基础学科广泛开展的前提下，带动人工智能课程的开展。还可以通过项目式学习，为对人工智能有兴趣的同学提供锻炼、学习的机会。

第二，顺应时代发展的步伐，对现有的考核评价体系做出改革。例如，将人工智能课程的成绩列入中高考的考核范围之内，定会加大各界对人工智能教育的重视程度。更加重视学生综合能力和综合素养的培养，逐渐破除唯分数论的考核评价体系。同时，对学生做出积极引导，制定合理的发展规划，从而提升其对人工智能教育的适应能力。

三、我是人工智能大一学生：中国高校的探索

2019 年 3 月，教育部公布《2018 年度普通高等学校本科专业备案和审批结果》，人工智能专业被列入新增审批本科专业名单，全国共有 35 所高校获首批建设资格。至此，人工智能专业正式进入本科专业序列。本次备案获批，有利于在高等教育阶段培养出专业人工智能人才，推动人工智能产教融合的发展。

2020 年 1 月，教育部、国家发展改革委、财政部引发《关于"双一流"建设高校促进学科融合　加快人工智能领域研究生培养的若干意见》的通知，将人工智能纳入"国家关键领域急需高层次人才培养专项招生计划"支持范围，积极引导高校通过实施常规增量倾斜和存量调整办法，切实优化招生结构，精准扩大人工智能相关学科高层次人才培养规模。

2020 年 2 月，教育部公布《2019 年度全国普通高校本科专业备案和审批结果》。中国人民大学、复旦大学、北京邮电大学、中国农业大学、北京化工大学等 180 所高校都新增了人工智能专业。相比去年增加的 35 所，2020 年人

工智能专业数量增长明显。

2021 年 2 月，教育部公布《2020 年度全国普通高校本科专业备案和审批结果》。在新增备案本科专业名单中，数量最多的专业是人工智能，全国 130 所高校获批人工智能专业。此外，有 84 所高校新增备案智能制造工程本科专业，53 所高校新增备案机器人工程本科专业。

2022 年 2 月，教育部公布了《2021 年度普通高等学校本科专业备案和审批结果》。在 2021 年新增备案本科专业名单中，从新增备案本科专业的高校数量来看，新增人工智能的高校有 95 所，人工智能成为新增备案专业中数量最多的专业；其次是智能制造工程，新增该专业的高校 53 所。

2023 年 4 月，教育部网站公布《2022 年度普通高等学校本科专业备案和审批结果》。在 2022 年新增备案本科专业名单中，全国共有 58 所高校成功申报人工智能专业。

迄今为止，全国共有 498 所高校成功申报人工智能本科专业，为人工智能研究型、应用型人才培养奠定了教育基础。

人工智能与高等教育的结合，预示着新时代的智能技术将会对大学文化、大学理念产生冲击。大学教育相比较中小学教育而言，更注重理论与实践的结合和创造性思维能力的培养。因此，将会出现"教师—人工智能—学生"这种教学现象，即各领域优秀的教师对人工智能机器人进行教育输入，再由人工智能机器人为学生进行教育服务，从而达到深度学习。

美国东北大学校长约瑟夫·奥恩（Joseph E. Aoun）在 2016 年发表了《防范机器人：人工智能时代的高等教育》一书，书中谈到智能时代到来对于大学生而言，并不是威胁，而是新的机遇与挑战。新时代的大学生本就应该拥有发明和创造的心态，人工智能时代更是如此，要改变上大学是为了登上职业阶梯的想法，把大学变成终身学习的平台。他还提出了一个新的学科框架——人类学，包括三个素养：技术素养、数据素养和人格素养。这三大素养是人工智能时代的大学生所必备的关键品格和基本能力。

其中，技术素养就是大学生要熟知数字、编程、工程类相关知识，并且能够借助这些基本知识，达到潜能最大化，至于如何做到知识技能的充分利用及潜能最大限度地发掘，就需要大学生自身来探索了；所谓数据素养，是指对于大数据的分析应用能力，其实，不仅仅是人工智能相关的知识，在学习一些基本知识时也要注意，除了对所学知识有全面的理解之外，还需要具备运用知识的能力；人格素养，是贯穿整个大学期间的基础素养，它是与人相处的前提条件。培养新时代的技能，具备技术素养、数据素养、人格素养是关键，在此基础上才能发挥好人工智能在大学教育中的作用。

在具体实践中，人工智能教育在"双一流"高校中的建设，不仅要重视对大学生的培养，还要加强对高校教师的人工智能培训。通过人工智能的帮助，师生关系也会发生很大改善。例如，人工智能机器人将会分担高校教师的一部分工作，使教师把重心放在引导、启发学生上；大学生获取知识的途径也会更加广泛，可以通过人工智能终端获取知识，这样一来，学习便成了一件自主化、人性化的事。因此，新时代的师生关系也会更加平等开放。

众所周知，大学生本身就能够自主学习，发展自己的兴趣。而人工智能技术的加入，更是加速了大学教育的变革进程。教育是一项塑造灵魂的事业，它的本质也是对人进行思想教育，仅凭借一台智能机器无法全面地对人进行人性、真善美的思想教育。因此，需要将大学文化和精神融入人工智能教育中，使智能机器能够与时俱进，为教育变革提供有力保障。

为了更好地促进大学生与人工智能的结合发展，2018年，教育部选中DeeCamp人工智能训练营（见图9-3），并将其作为"中国高校人工智能人才国际培养计划"。DeeCamp是一个公益项目，致力于培养在校大学生对人工智能应用的能力。自2017年以来，它已经初步建立了以创造性的团队工程实践项目为主干，以打通学术、产业边界的系统性知识培训为支撑，聚焦未来科技变革与商业发展，成规模、可复制的人工智能应用型人才培养体系。Dee-

Camp 训练营就像连接校园与社会的纽带，特别是在人工智能在实际场景中历练升级不足的情况下，高校学生亟须接受训练营的培养，借助这一纽带来实现从校园到社会、从理论到实践的蜕变。

另外，该训练营有着非常大的魔力，每年自报名系统开启之后，就会收到来自世界各地大学生的报名。2019 年更是火爆，收到了来自全球 1000 余所高校的超过 10000 名本科、硕士、博士申请报名。当代大学生们之所以如此着迷，是因为 DeeCamp 训练营有非常牛的导师团队，他们是由"学术大咖"和"产业大牛"组成，通过申请进入训练营的大学生们，将会面对面与他们进行交流探讨。如此强大的导师阵容，是国内其他任何训练营都无法超越的。

图 9-3　DeeCamp2019 人工智能训练营❶

DeeCamp 2019 训练营的大学生们，在四周时间里完成了 50 个与人工智能相关的课题研究。其中，比较有意思的有：AI 宠物健康状态评价系统、AI 真人表情包制作、斗地主 AI 等。AI 宠物健康状态评价系统是针对养狗新手主人来设计的。目前，全国养狗的家庭数已经远远超过了 3500 万户，作为新手主人如何了解宠物的身体状况，通过 AI 宠物健康状态评价系统便能够解决这一

---

❶　http://t.cn/A62Jycn6.

问题。DeeCamp 训练营的学员们将之前应用在人脸上的计算机视觉技术，迁移应用到动物身上，通过对动物的图像识别来反映其健康状况，而且突破了在狗体检测、品种识别、年龄分类方面的技术难点，无论是从消费者体验、技术创新，还是商业创新方面，都呈现出了巨大的拓展潜能。

"当下 AI 正在进入 AI+、赋能传统行业的时代，是 AI 开花结果的最好时期，这个阶段将会释放大量的商业机会和人才成长机会，是一个千载难逢的好时代，尤其是对我们这群从事 AI 相关研究和工作的人来说。"这是李开复博士在结营仪式上的讲话。大学生们在训练营中学到的不仅是自主学习、自我组织的精神，还包括对人工智能相关技术领域的专业应用。DeeCamp 训练营在培养大学生方面，不遗余力地挖掘新方法、探索新思路，为人工智能领域提供了坚实的后备力量。

今天，在人工智能的赋能下，大学生已经具备了"全球课堂"相互联系的机会。就像课桌、黑板一样，人工智能技术也将是课堂上不可缺少的一部分。全球的信息资源都能够实时共享，而大学生们也会每人必备一个智能设备，将现实与智能设备相结合来搭建一个沉浸式学习场景。当然，这个学习环境不会仅局限在大学校园内，还可以与校外人员共同探讨相关项目。"全球课堂"为全世界的大学生带来更多交流学习的机会。

那么，人工智能既然能够穿过校园，实现校内校外的课堂共享，也就能够穿过大学生的校内阶段，实现对人工智能教育的终身学习。一方面，大学就像一个微型社会，能够教会学生为人处世之道，另一方面，社会又在影响着大学的教育、革新。社会是特别的大学，人工智能在高校应用到学生身上，到了大学生毕业时又随着大学生主体作用于社会。因此，人工智能与高等教育的结合，不仅会影响教育的发展，还会影响社会的变革进程。正如人工智能程序师兼神经科学家戴密斯·哈萨比斯（Demis Hassabis）的推断，他认为科学探索的过程最终会被人工智能机器所改善，人工智能时代的到来迫使学校承担更大的角色——社会角色，以至于学校需要创造出更多的机会与社会衔接。

社会需要与学校教育是密切关联的。社会对人工智能技术发展相关人才的需要必将使大学的教育结构及组织核心也因此而改变。同时，人工智能在教育中的应用也改变着高校的教学环境、教学形式，也必然影响到高校的教育理念。在智能时代，人工智能技术打破了知识的时空限制，为学生提供了全方位的学习环境，终身学习的理念变得更加重要。

四、绸缪智能蓝领时代：人工智能的职业教育培训

随着人工智能时代的到来，人类生活的各个方面都将发生深刻的变革。从工业、农业到医疗、教育、民生、就业、文化等众多领域，在不知不觉中，已深受人工智能的影响。其中，就业领域尤甚，人工智能改变了当下的工作环境，对整个就业市场都造成了巨大的冲击。因此，需要人工智能职业教育培训的加入，培训要紧跟人工智能技术的更迭，从而提升就业者对人工智能技术的了解，为其找到满意的工作服务。

为了分析当下人工智能与就业问题的发展趋势，美国的皮尤研究中心（Pew Research Center）发布了题为《工作与职业培训的未来》的报告。该报告的发布突出了人工智能职业培训的意义所在，并介绍了人工智能时代的劳动力特点，深度剖析了应对智能就业的策略，不仅起到了呼吁全民共同接受人工智能培训的作用，还对就业行业提供了可借鉴的方法。

大数据、人工智能、物联网的盛行，使终身学习成为当下鲜明的教育理念。人类只有不断"充电"，不断学习新知识，培养新技能，才能跟得上时代发展的步伐。

智能时代的学习是"无边界"学习，这也为职业教育提供了新的机会。终身学习将学习的时间延伸到人整个的一生。人工智能技术的普及催生了人工智能职业教育的蓝海，迎来了人工智能职业教育的春天。

今天，人工智能职业教育培训已有许多成功案例。例如，海归博士李文哲创办的贪心科技（见图9-4），这家公司致力于人工智能领域的在线职业培训，针对想要从事泛人工智能、准人工智能及人工智能行业的人群，利用人工智能系统化的培训，为各类就业者提供便利的培训平台。李文哲本科就读于南开大学计算机专业，随后出国深造，硕士和博士分别就读于美国 Texas A&M 和 USC 的人工智能专业。在整个求学过程中，他发现国内外在技术类教育上有很大区别，因此便开始了对国内人工智能人才的职业教育培训。

根据教育部门的相关数据，我国在人工智能领域的专业人才紧缺，而这个缺口高达到 500 万人。于是，贪心科技公司针对这一现状，主攻人工智能职业培训领域，为各类就业人群提供智能化的知识学习。在李文哲看来，最优的职业教育模式是人工智能与职业教育的结合。相比中小学教育、高等教育对真人老师的依赖性较大，进行人工智能职业培训的人群在心智上更加成熟，有较强的内在驱动力。

因此，人工智能职业教育培训更能抓住用户需求，从而提升课程效果。另外，李文哲的团队根据用户水平的不同，区别对待每一位用户，为其提供个性化的学习方案，稳抓用户痛点，不仅提升了学员的学习质量，还稳定了用户的生命周期。

图 9-4　人工智能职业教育品牌贪心科技

除此之外，从教学——学员端改进职业教育的方式，也是贪心科技的一大特点。"当时每个人每天基本上花 6 个小时讲课，讲了近半年，每个人的课时累计 600 小时。这些课时量相当于一个大学老师近 10 年的授课时长。"李文哲谈道。教研团队的成员都是来自人工智能领域的老员工，有着丰富的工作经验，所以他们在进行培训时更能明白用户的需求。除了基本的硬件优势外，该公司的教研团队会实时地了解大企业的招聘信息，进而优化课程结构和教学内容。

在教育技术更新方面，人工智能职业教育培训中还采用了大量的"智能"培训技术。例如，碎片化学习，首先将课程教学内容拆分开来，以标签的形式将碎片化的知识点进行分类整合，设计成有文字、图片、音频、视频等多种元素结合的混合产品。其次，把这些碎片化知识点通过智能技术送达学生端，再由自动化的教学引擎将知识切片分布给用户，实现"千人千面"。贪心科技未来将把重点放在优化运营端、教研端、教学服务端的人工智能系统，希望实现真实意义上的职业培训智能化。

互联网的快速发展和广泛普及进一步使"时空压缩"，世界的距离在不断缩小。通过对人工智能技术的应用，我们能够越来越频繁地与世界对话，以信息化的方式去思考问题，世界慢慢变成一个信息圈，现实生活中的教育与工作亦是如此。在大数据的浪潮下，人工智能不仅给各行各业带来了新一轮的"技术性失业"，而且还间接地引发了工作本质的变革，出现了一种颠覆传统的工作模式———"云劳动"（Cloud Labor），即一种"按需式"的工作系统。

云劳动是一种弹性大、效率高的劳动方式，工作者还可以根据自身情况选择合适的工作。这一现象滋生出许多线上工作者，如"Freelancer.com"和"Up Work"线上就业平台，而在中国也有相似案例。譬如，人工智能产业扶贫项目："AI 豆计划"（见图 9-5）。

作为一项"AI+扶贫"的公益活动，"AI 豆计划"由阿里巴巴联合中国妇女发展基金会共同创办，针对贫困地区的人才进行教育培训。这项活动的实施为贫困地区的群众争取到大量就业机会，还帮助他们实现了在家门口脱贫的计划。贵州万山区作为首个试点，其中进行培训的人群中，贫困女性占77%，没有收入的人群占90%。在阿里巴巴人工智能实验室的带领下，已经培训出31名"AI训练师"。"AI豆计划"的实施，将产业链上的一部分工作机会分给贫困地区，发挥了通过科技改变贫困人群的作用。

图9-5　AI豆计划

据悉，AI训练师又可以称为AI标注员，主要是对AI机器进行素材输入。像幼儿牙牙学语一样，AI机器也要经历完整的学习及认知过程，因此，就需要标注员对机器模型进行培育、训练。数据显示，目前，中国全职的标注员已高达10万人，兼职标注员接近100万人。"AI豆计划"的脱贫对象之所以选择贫困女性，主要是基于女性耐心、细心的特点。除此之外，女性工作职业的选择相对于男性来说有一定限度，脱贫难度也就高于男性。正因如此，AI豆计划在贵州万山区重点招募贫困女性进行职业教育培训。

为应对人工智能的飞速发展带来的变革，一些大企业开始加大对AI标注的研发投入，因此，需要大量AI标注相关的工作者。目前，贵州万山区仅作为阿里巴巴职业教育培训的首个试点，未来项目的规划将会聚焦到更多贫困地区。试点阶段预计为 50～100 个人提供就业机会，未来将会完善职业培训标准，帮助更多人脱离贫困。"先富带后富"的口号使阿里巴巴意识到要把行业红利惠及更广泛的中西部地区。"AI 豆计划"未来将在更多适合发展 AI 标注的地区落地。

正如霍金所言："我们不能把飞机失事归结于万有引力；同样，不能把人类的毁灭归罪为人工智能"。人工智能对于人类而言，机遇远大于挑战。处在人工智能时代的我们，只有做到持续学习、终身学习，才能够应对时代发展的需求。教育是学习最有效的途径。自人出生以来，就要接受层层的教育，而职业教育培训作为"学习"环节中的重要组成部分，更要做出有效应对。

首先，人工智能职业教育培训要满足培训对象多元化的需求。职业教育培训不同于以往的学校教育，它没有特定的教学目标、教学内容，需要根据培训对象的需求，实时制定个性化、专门化的培训服务。时代的变化促使整个社会发生变革，这种环境下的工作形式也更加多元，因此，需要学习者具备充足的技能来应对。当下，就业者受劳动力转型、"人机共存""云劳动"这三者的影响，滋生出与其相适应的学习需求。面对如此情况，人工智能职业培训要利用时代特点，做好充足准备，做出更好的职业培训。

其次，人工智能职业教育培训要做传统与现代技术相结合的培训。关于职业教育培训的实施计划，一般是由学习者的需求、培训内容是否授权这两方面决定的。在人工智能时代，受在线培训的影响，培训策略也在持续地改进。当下，许多工作岗位要求新兴技能，这种技能的学习仅通过实践是无法获得的，还需汲取充足的专业知识。为此，人工智能职业教育培训不仅要发扬传统的培训方式，还要将时代要求与现代技术相结合。例如，加入虚拟现实（Virtual Reality，VR）、增强现实（Augmented Reality，AR）和介导现实（Mediated Reality，MR）等新兴技术，建立起数字化的职业培训模式。

最后，国家需制定与人工智能相关的职业教育培训政策。职业教育培训的初衷是促进就业，为国家解决就业问题。作为稳定就业的关键途径，不仅是人工智能职业教育培训要顺应国家政策的发展，同样，国家也需出台相应政策为职业培训行业保驾护航。例如，为应对企业、教育工作者、政府的需求，英国下议院科技委员会提出相关举措并颁布了《机器人和人工智能》，未来英国政府也将进一步完善相关教育与培训体系。为确保大环境的稳定发展，我国也需要采取相应的举措。针对职业培训，最好的方式是制定一系列发展措施，相关部门积极参与对该体系的设计，从而保证政府、企业、第三方的无缝对接。

总之，当下人工智能职业教育培训市场还未发展成熟，各方面还处在发展初级阶段。然而，我们已经处在人工智能时代的转折点上，新技术促使社会发生巨大变革，就业市场受到了巨大冲击。面对这一情况，人类只有坚持做好自身工作，保持学习热情，才能紧跟时代发展，从而建设更加美好的人工智能时代。

CHAPTER

第十章　控制与反制：
你、我、他的后职业时代

随着人类社会步入人工智能时代，智能技术成为推动新一轮产业革命的重要驱动力。智能机器在各产业中的运用，给劳动者的就业带来了新的机遇与挑战，引发了人类对于智能机器与劳动者之间的控制与反制的思考，使人类社会进入你、我、他的后职业时代。

逆袭与超越：职业中的人工价值

冲击与挑战：人工智能将形影不离

人机协作：全新的工作思维

培养智能素养：突破人不可替代的边界

人工智能时代，智能机器在产业中的运用一方面把劳动者从脏乱差、高风险的工作环境中解放出来，另一方面促进了劳动者向高精准工作岗位转型。面对智能技术对工作和职业带来的变化，劳动者必须对其自身与智能机器的新型关系有一个正确的把握和认知。

一、逆袭与超越：职业中的人工价值

产业在推动经济发展和社会建设等方面发挥了重要作用。产业经历了第一产业（农业）、第二产业（工业）和第三产业（服务业）的发展历程。现如今，我们正在经历以智能科技为驱动力的新一轮产业革命。

在产业发展过程中，我国的产业结构仍然存在着一些需要优化升级的方面，即农业基础较薄弱，工业素质整体较低，服务业的发展相对滞后。基于此，我国应采取相应的政策和措施调整产业结构，推动其优化升级，加强第一产业的发展，调整第二产业，积极引导第三产业，力求形成以智能科技为引导、以农业和工业为支撑、服务业全面发展的产业新格局，从而推动我国经济高质量发展。

现如今，随着互联网、大数据、人工智能、区块链等新一代信息技术的不断发展，智能科技成为推动新一轮产业革命的重要驱动力。人工智能技术在产业中的应用推动着智能经济的可持续发展和智能社会的来临。智能机器在产业中的应用促使一些传统工作岗位被取代，把劳动者从重复性的、高风险的、脏乱差的工作环境中解放出来，同时也促使劳动者向新的工作岗位转型。

智能技术在提升产业生产效率和产品质量的同时对降低产业运行成本具有重要作用，进而促进产业的转型升级。不论是第一、第二、第三产业，还是以智能科技为驱动力的未来产业，劳动力都发挥着不可替代的重要人工价值。

劳动者是产业发展的重要基础。劳动者、劳动对象、劳动工具共同构成生产力的基本要素。劳动者作为生产力三要素中最活跃的要素，是人力资源市场的重要组成部分，是产业发展的重要基础。劳动者作为生产活动的主体，主要是指具有一定生产经验和劳动技能而从事物质生产的人。劳动工具由劳动者创造，劳动工具只有在劳动者的掌握和操作下才能发挥作用。

劳动者是产业能否成功的关键所在。在智能科技深入发展的人工智能时代，科技创新驱动着产业的发展，各产业对技术型以及复合型人才的需求大大增加，此类人才成为一个产业成败的关键。各个产业之间相互竞争的实质是人才的竞争。因此，在人工智能时代，那些不断学习智能科技的技术型、复合型高素质人才更具有竞争力，进而更受到各产业的青睐。劳动者可以通过各种智能媒介进行终身学习，企业也可以通过相应的专业技能培训，帮助劳动者了解产业的前沿领域和发展趋势，以此来提升劳动者的综合素养。

劳动者是产业发展的必要条件。劳动者的综合素养成为推动产业发展的根本动力。一个产业的发展离不开具备专业素养、智能素养等综合素养的劳动者的支撑。因此，在产业发展过程中，企业要不断提升劳动者的综合素养，培养劳动者的合作精神和团队意识等，尽可能地把企业的利益和大多数劳动者的利益统一起来，充分调动劳动者的积极性和主动性，增强企业的凝聚力。

在智能技术深入发展的人工智能时代，虽然智能机器对劳动者的职业造成了一定的冲击，但终究无法取代劳动者在产业中所占据的主体地位。劳动者可以通过发挥其主观能动性和聪明才智实现逆袭与超越，提升自身综合素养，推动产业持续发展。

二、冲击与挑战：人工智能将形影不离

随着互联网、大数据、人工智能、区块链等智能科技的快速发展，人类社会逐渐步入人工智能时代。人工智能渗透到人类社会生产及社会生活的方方面面，将与人类形影不离。

人工智能时代，智能技术赋能产业，促进大批智能机器人投入产业发展

之中。智能机器人在疲倦度、标准化、机械性等方面具备劳动者无法比拟的优越性，并且对提升生产效率、降低产业成本具有重要意义。智能机器人在产业中的应用一方面使产业发展更倾向于自动化、数字化和智能化，另一方面也加快了智能机器代替劳动力的进度，出现了职业迭代的现象。

人工智能技术在金融、医疗、教育、民生等领域的普遍应用，促使智能语音、智能家居、无人驾驶、无人超市等进入生活领域，智能手机、"小爱同学"等智能化设备，在很大程度上改变了人们的生产生活和思维方式。人们在享受智能科技带来便利的同时，其职业也受到了一定的冲击。在科技与政策环境的孕育下，"人工智能+"不断开拓应用场景，改造着传统的商业模式与业务流程。规范化、重复性、简单体力型的人力岗位被淘汰，转而由人工智能替代。❶ 智能机器"以机械化、自动化、不知疲倦与低廉的方式完成高度专业的工作，这是人类做不到的，有时机器做得更出色"❷。在这种情况下，人工智能对劳动力市场、劳动者素质、人力资源市场等方方面面都必将产生重要的影响。

人工智能重塑产业新形态，促进劳动力市场的变革。在大数据、人工智能等智能科技的普遍应用下，大部分制造业利用智能技术进行设备的升级和更新，促进产业生产的自动化升级和转型，对重塑产业新形态具有重要价值。人工智能时代，随着制造业逐渐采用智能化、自动化生产，大量的重复性、机械性工作岗位将被人工智能所替代，人力资源市场对低端劳动力的需求大大减少，低端劳动力面临着被淘汰或被替代的风险，这在一定程度上促进了劳动力市场的变革。

人工智能对劳动者综合素质提出了更高的要求。AI 属于跨学科、多领域的高度技术密集型和知识密集型的技术体系。AI 在现代产业中的应用对劳动者的信息素养和智能素养等综合素养提出了更高的要求。因此，仅靠传统的

---

❶ 童文娟. AI 时代的职业迭代与应对 [J]. 山东工会论坛, 2020, 26 (2)：12-18.

❷ WRIGHT Frank L. In the Cause of Architecture [J]. The Architecture Record, 1927 (5)：394.

体力劳动和智力劳动已很难在人工智能时代获得较大的职业发展空间。这对当下的劳动者来说无疑是一个巨大的挑战。人工智能时代具备智能职业素养、完整的知识结构以及不断学习的劳动者，更能满足新兴产业对劳动力的要求。因此，拥有更专业化的知识水平和更高超的技术技能的劳动者更受劳动力市场的欢迎。劳动者应积极适应智能技术带来的各种变化，通过不断的学习进而提升自己的能力，满足现代产业对劳动力的需求。

虽然 AI 对现代职业产生了一定的冲击，但我国产业长期积累下来的大量生产数据和生产经验组成了一个庞大的产业体系，几十年的产业发展之路和人才储备为我国产业的发展提供了物质支撑，智能科技在产业中的融入加速了产业的信息化、自动化和智能化进程。因此，我们应理性看待人工智能技术带来的相关问题，在继承传统产业优势的基础之上力求通过科技创新在人工智能的环境下寻找出一条产业可持续发展之路。

人工智能时代，如果各产业不顺应智能发展趋势进行产业智能化升级和更新，势必面临被淘汰的风险。各产业想要在智能环境下获得可持续的发展，应该充分利用智能科技对自身的产业结构进行革新，创新产业模式，推动技术型、服务型产业的发展，提升产业的竞争力，实现产业的可持续发展。

第一，优化产业结构，大力发展智能互联网产业。在智能技术高速发展的大趋势下，各产业根据当下新兴产业的发展进行产业结构的优化升级成了产业发展的必然要求。一系列新兴产业在智能技术的应用下应运而生，如智能家居、智能语音、智能制造、智能机器人等；同时，一些传统产业将被淘汰，导致传统低廉岗位的需求逐渐减少。在这种环境下，大力发展智能互联网产业成了企业发展的重要趋势。智能互联网产业本质上是依靠网络关系与协同行动，对生产性资源进行主体间的共享、流转与配置。❶ 产业结构的优化升级以及互联网产业的开发有利于优化产业结构，重塑产业形态，形成可持

❶ 周荣，喻登科. 基于场态效应的产业网络演化模型：兼论传统产业升级和新兴产业培育模式[J]. 科技进步与对策，2015，32（20）：62-68.

续发展的产业链，发展自身产业的同时带动其他产业的共同发展，推动各产业的优势互补。

第二，完善职业培训体系，调整人才培养规格，培养适应人工智能时代的创新型、复合型、技术型高素质人才。各企业之间的竞争归根到底是人才和技术的竞争，调整人才培养规格，加大对职工的培养力度，是企业想要获得长期受益的重要投资渠道。人工智能时代，企业应以市场需求为导向，推动人工智能技术和产业的深度融合，充分调动企业的积极性，建立职业培训体系，落实职业培训的技术性和实用性，根据时代发展趋势和各企业的岗位需求，培养出创新型、复合型、技术型的高素质人才。

第三，转变劳动理念，加大职业工作人员对人工智能等相关技术的学习。人工智能时代的劳动者的劳动已不仅仅是为了满足自身的基本生活需要而存在，而是一种实现自我价值的更高层次的精神追求。人工智能技术在产业中的运用足以说明科技创新成为企业的核心竞争力，这要求劳动者转变劳动理念，加强对人工智能技术的学习。职工掌握了人工智能这种"头脑"科学技术，就可以与各行各业的需求及知识相结合，创造为各行各业的进步与发展所需要的各种人工智能系统，为各行各业的现代化发展提供智能化服务❶，更好地实现人工智能技术和实践技能的有机统一，降低劳动者被人工智能取代的风险。个人的职业的发展状况和态势与其专业技能和语言表达沟通等能力息息相关。专业技能和语言表达沟通等能力较强的劳动者有更多的机会拓展个人发展高度和发展空间，此类劳动者备受人力资源市场的青睐。

第四，加强传统产业和新兴产业的结合，以传统产业促进新兴产业的发展，以新兴产业带动传统产业的优化升级，实现二者之间的优势互补。人工智能时代主要是利用智能技术的优势来提升生产力和优化生产关系以促进传统产业的优化升级和新兴产业的发展。传统产业利用智能技术大大提高了生产效率，降低了企业的运行成本，占据了新兴市场，并且在产业链中占据着

---

❶ 钟义信. 人工智能：概念·方法·机遇 [J]. 科学通报，2017，62（22）：2473-2479.

相对优势；同时，传统产业在发展的过程中也衍生出了一系列新兴产业，对提升产业发展空间、挖掘产业发展潜力具有十分重要的作用。传统产业和新兴产业的结合能够有效地整合传统产业和新兴产业的重要资源，实现二者的最优化发展。智能技术在产业中的运用有利于提升企业的生产效率，降低企业的运营成本，促进新型生产关系的衍生和优化升级。

第五，加强"校企一体化"合作。校企一体化是指在政府政策的支持和引导下，学校和企业在资源共享、利益共享、责任共担等条件下组建起来的产教联合体。学校教育目标和企业培养目标的一致性是校企一体化合作的前提和基础，校企一体化有利于实现学校与企业之间的专业化对接，促进教、学、做的统一。学校可根据人力资源市场对岗位的需求进行专业结构的优化，根据专业结构和市场发展趋势，调整或设置新型专业，加强对现有专业和人工智能技术的结合，创建发展潜力大的复合型专业。同时，企业不仅可以为学校提供实习基地，还可以直接从毕业生中挑选岗位所需的优秀人才，这也解决了部分人的就业问题。

第六，转变高职院校人才培养模式，提升人才培养规格。目前，在传统职业培养模式下，课程教学侧重理论知识的传授，对学生实践能力和创新精神的培养相对匮乏，高职院校培养的人才难以适应人工智能时代职业发展的需要。人工智能时代，高职院校应转变落后的人才培养模式，提升人才培养规格，加大对学生人工智能技术和创新能力、创新意识等方面的培养。

第七，提高产业管理的科学性。任何产业的可持续发展都需要全面、准确的信息和科学化、合理化的管理。人工智能时代，产业应认清时代发展趋势，做到与时俱进，不断学习和引进先进的人工智能技术，进而为产业的发展提供科学有力的技术支持，打造智能化、专业化的管理和服务平台，从而提高产业发展的科学性和竞争性。同时，在智能科技的冲击下，产业应随时对自身所处的阶段和面临的问题进行总结和分析，及时针对存在的问题提出切实可行的解决方案，提高管理的科学性和有效性。

三、人机协作：全新的工作思维

人工智能技术日新月异，Deep Blue 战胜世界国际象棋冠军 Garry Kasparov，AlphaGo 战胜李世石和柯洁等事件也表明了智能机器在与人的对决中往往以人类的失败而告终，这不免引发了人们对"机器是否比人类更聪明"的思考。同时，智能技术在智能语音、无人驾驶、无人超市等领域不断渗透，"机器将取代人类的工作岗位"的声音此起彼伏，人类的工作岗位受到威胁势必引起人们的恐慌和担忧。实际上，人类和机器人可以实现互助共存的关系，由机器人帮助人类完成一些繁重、高危险的工作，人类则根据市场需求和产品动态调整生产，保证整个产业链的正常运行。

现如今，人类社会进入人工智能时代，集大数据、互联网、云计算、传感技术等多种智能技术于一体的智能机器在现代产业中的运用程度成为衡量产业发展状况的重要标准，"人机协作"在现代产业中的运用将成为未来产业发展的重要方向。人机协作即人和机器共同协作，其基本前提是人类和机器和平共处，以产业获得最大的经济效益为目的，对未来产业的可持续发展和优化升级具有重要意义。丹麦优傲机器人企业作为第一个提出协作机器人理念的企业，他们相信人机协作是智能机器人进化的必然选择，该企业研发的优傲机器人（Universal Robots）具有人机协作、部署灵活、操作简便等特点。

虽然新兴产业成为产业发展的新趋势，但传统产业的地位也不容忽视。传统产业在促进我国经济发展、社会稳定、民生就业等方面发挥了重要的作用，但随着信息和通信技术的不断发展，传统产业面临着生产设备老化、耗能高、技术落后、生产效率低下等问题。传统产业若不引入先进的智能技术对自身进行变革和创新则面临着被淘汰的风险。因此，转变发展方式，以科技创新来驱动生产的转化升级成为传统产业可持续发展的必然需求。

人机协作作为落实"工业 4.0"战略的重要措施，对自动化、智能化未来产业的发展具有重要的驱动作用。德国于2013年提出"工业4.0"的战略，它的提出意味着以智能制造为主的第四次工业革命的开始。"工业4.0"的战略将推动全球智能制造和智能生产的大规模设计和研发。各产业期望通过利用智能技术的优势开发一种灵活性强、适应性好、生产效率高的智能生产设备，以提高自身产业在国际国内市场的竞争力。

智能机器作为人的智能发展的重要产物，最终目的是促进人类社会的可持续发展和进步。人工智能是在人类的协作下延伸劳动者的工作能力，帮助劳动者提高工作效率以取得最大的经济效益。在现代产业发展的过程中，利用人工智能技术扩展现有产业，构建新产业生态，在提升效率的同时又保证产品的质量，智能机器与人的协作成为最佳解决方案。人机协作的生产关系在产业生产过程中逐渐显现出来，并不断得到优化和调整，同时，这一过程对劳动者的素质要求也在不断提高。人机协作是操作环节，机器人与人共享工作空间和时间，达到效率最优的柔性自动化❶，是未来产业的发展模式。人机协作作为未来产业发展的重要模式和新形态之一，不仅可以代替人类完成高风险、重复性高和繁重的工作，还可以协助劳动者高效地完成柔韧度和灵活性更强的高精准工作，给人类带来全新的工作方式和工作思维。

在人机协作模式下，劳动者仍然是生产活动的主体，控制着整个生产线，而机器则从事相应的体力工作，劳动者和机器的有机结合有利于产生巨大的经济收益。人工智能时代的产业以人工智能为引领，以人机协作为特征，以提高产品创新能力和生产效率为目标，加速完善系统化建设，对智能技术应用进行系统化组装，以真正实现在生产链条中相互衔接、高度集成、一体化运行。❷ 在产业发展的过程中，智能机器可以根据智能系统中储存的数据，针对不同产品和用户的个性化需求制订自动化解决方案，加快产品的生产速度，提高产品的可预测性。在这种情况下，全球产业的生产量将大幅度增加。

---

❶ 顾纯元. 未来工厂：迈入人机协作新阶段 [N]. 中国科学报，2019-04-25 (008).
❷ 刘国铮. 人工智能 人机协作 提高效能：新华社智能化编辑部建设回顾与展望 [J]. 青年记者，2020 (4)：15-16.

人机协作作为未来产业发展的重要模式，自然而然会带动机器人产业的发展。2017年，"人工智能"作为一种新兴产业，首次被写入我国政府工作报告，这意味着人工智能已经上升为一种国家战略。

机器人产业在全球处于迅速增长的趋势，智能机器人在产业中的运用促使各大工业机器人制造商都热衷于与人机协作相关领域的研发，如ABB的双臂机器人"玉米"，FANUC的"绿手臂"，KUKA的"伊娃"等，其中最为著名的就是UR。现代机器人相比于传统机器人，具有体积轻、占地面积小、能够自由移动等优点，此外，现代机器人不需要烦琐的装置便能投入产业生产中，实现与劳动者的高效交互合作，为产业带来良好的效益。

目前，智能机器人在我国增长迅速，我国将成为最大的机器人市场。机器人产业为我国智造赋能，人机协作与数字化筑就未来工厂，机器人既是智能制造的关键支撑装备，也是改善人类工作和生活方式的重要切入点。❶

智能机器人具有较强的智能感知能力，它能够智能感知周围的环境。机器系统中安装的传感器能够确保监控系统对机器人的工作环境进行有效的实时监控，并根据工作环境的变化而作出相应的反馈。如ABB研发的新一代智能机器人系统中安装的监测软件SafeMove2与各类视觉及环境监测系统的结合，为其更好地感知周围的环境提供了技术支持。在生产过程中如遇突发性危机事件，智能机器人可以智能开启自我保护机制，降低机器本身和劳动者在工作中受伤或者被感染的风险，尽可能地将生产环节中可能遇到的危害降到最低。

现代智能机器人不同于传统产业中的机器，由于智能技术的升级和更新，现代智能机器人具有体积小、操作简单、多功能、占地空间小等优势，并且可以根据自身的软件编程不断实现更新和进化，不仅受到大型企业的青睐，也为中小型企业和公司的优化升级提供了更多新的选择。

人工智能的运用将全面重塑传统企业的生产流程，在衍生劳动者的工作

---

❶ 人工智能改变世界，人机协作成就未来 [J]. 智能机器人，2019（2）：1.

能力的同时也促使劳动者提高综合素养，从而提升工作效率和业绩。智能机器人能够快速、高效地完成生产环节中机械、繁重的工作，使劳动者从繁重、危险的工作中解放出来，向具有创造性和实用性的高精准工作岗位转移，劳动者有更多的时间和精力提升自己的职业素养和专业技能。

现如今，智能机器实现了多种智能科技的深度融合，更强调产业生产的自主适应性和灵活性。智能机器在现代产业中的应用使得整个生产流程倾向于自动化和智能化。面对产业智能化的发展趋势，传统产业必须充分引进智能技术促进产业设备的智能化升级，提升自身在国际和国内市场中的竞争力。同时，要注重劳动者和智能机器人的高度统一，确保工作流程的适应性和灵活性，推进现代产业的快速发展。

人工智能的运用为企业的发展提供了广阔的发展空间，机器人成为人类重要的合作伙伴和得力助手，在生产和生活中发挥着重要的作用。随着智能技术的发展，机器人将会越来越智能，将在更多的领域、更多的工作岗位上担任更多的职责。人机协作将帮助企业实现自动化、智能化的升级与转型，为产业的发展带来根本性的变革。人机协作作为未来产业发展的重要模式，其发展之路任重而道远。人类和智能机器之间长期协作共存的关系将是未来产业的大势所趋，我们应该以一种开放包容的态度与智能机器友好相处，去拥抱它，接受它。

四、培养智能素养：突破人不可替代的边界

在人工智能时代，智能科技推动着新一轮科技革命和产业革命的变革，智能技术日新月异的革新和普及改变着人们传统的生产生活和思维方式，推动着人类社会迎来人机协作、跨界融合的智能新时代。随着人类社会进入人工智能时代，单一专业化的技术型人才已经不能满足产业的发展需要，同时具备专业知识、专业技能、科技创新能力的高素质、复合型人才越来越受欢

迎。当然，劳动者在培养自身专业知识、专业技能和科技创新能力的同时，更加要注重对智能素养的培养。

智能素养作为一种全新的素养被提出来，是智能时代下个人为更好的生存和发展所应具备的核心素养，是数据素养和信息素养的深化和延伸。劳动者的工作岗位能否完全被智能机器所取代，很大程度上取决于劳动者是否具备较强的智能素养。在现代产业的发展过程中，企业或个人的竞争实质上就是劳动者智能素养的竞争。智能素养作为人工智能时代劳动者必备的基本素养之一，对劳动者的职业发展和整个产业的发展具有重要影响。人工智能时代，劳动者的智能素养主要包括智能意识、智能技能、智能道德等。

智能意识是劳动者具备智能素养的前提和基础，智能意识主要包括职业意识和科技创新意识。职业意识是劳动者对自己所从事职业的理解、评价、情感和态度的综合反映。智能科技在各产业中的运用，对中国智造提出了更高的要求，中国智造需要具有工匠精神和良好职业精神的新时代人才。❶ 劳动者的职业意识要随着智能技术的不断发展和完善而不断提高。

党的十九大报告提出"创新是引领发展的第一动力"，劳动者要紧跟时代的步伐提升科技创新意识，时刻关注市场需求的变化，进行技术创新和产品创新，最大限度地满足客户和市场的个性化需求，开拓前沿领域的市场，为产业的可持续发展开辟新道路。在人工智能时代，不仅各产业要加大对劳动者智能意识的引导，劳动者自身也要自觉提高智能意识，促进智能素养的养成和提高。

智能技能是劳动者智能素养的重要体现，劳动者的智能技能主要包括专业技能和创新技能。一方面，人工智能技术在产业中的运用在提高产业效率和产品质量的同时对劳动者的专业技能提出了更高的要求，现如今劳动者单一的专业技能很容易被智能机器所取代。智能机器融合计算机、语言学、脑科学、哲学等多门学科于一体，具有较强的交叉性和综合性。智能机器的高效运作必须

---

❶ 王靖. 新时代工匠精神的价值内涵与大学生职业精神的塑造［J］. 中国高等教育，2019（5）：60-62.

以劳动者的决策为前提，即先决策后执行。因此，劳动者要想具备智能素养，不仅要学好本专业知识，还要精通其他学科的知识，使自己成为一个多功能、复合型的高水平人才，这样才能更好地发挥智能机器的执行作用。

另一方面，随着人工智能技术的不断革新和完善，智能机器在产业中发挥的作用越来越多。劳动者与智能机器之间的关系伴随着智能机器自动化和智能化程度的不断提高将被重构，人机携手合作成为产业发展大趋势。智能机器在智能感知、智能制造等多个方面具备劳动者无法比拟的优越性，但劳动者所具备的学习和创新能力也是机器人永远无法超越的。劳动者应在不断提高自己创新能力的基础之上与智能机器携手合作，更好地实现个人和产业的发展。

智能道德作为劳动者智能素养的重要组成部分，对提高劳动者的思想水平和道德水平，加强精神文明建设和文化建设具有重要意义。道德作为社会意识形态之一，是人们行为的道德规范和准则，是个人内在修养的重要体现。职业道德是指劳动者在从事劳动过程中必须遵循的道德规范和行为准则，它规定着劳动者应该做什么和不应该做什么，要求劳动者以一定的态度、思想、作风等去完成本职工作。智能道德则指在人工智能时代的大背景下人们应该遵守的准则和规范，是人工智能时代在职业道德基础之上对劳动者提出的更高的要求。

机器智能不同于人的智能，机器智能是人的智能发展的重要成果，虽然机器智能在记忆、储存、运算、操作等方面优于人的智能，但智能机器却不拥有人的智慧，人的智慧主要指"道德"。至于智能机器是否具备道德主体地位，需要对道德主体做进一步研究，道德主体是指具备道德意识、道德认知，能够进行道德判断，作出道德选择并承担道德责任的道德行为体。2006 年，约翰逊（Deborah G. Johnson）在《计算机系统：道德实体非道德主体》一文中围绕意向性对道德主体进行讨论。意向性是人区别于机器的根本特征之一，即使机器与人具有同样的行为，但机器不具有意向性，人具有意向性。❶ 因此，机器不能作为道德主体。在人工智能时代，作为产业发展的道德主体，

---

❶ 闫坤如. 人工智能机器具有道德主体地位吗？[J]. 自然辩证法研究, 2019, 35（5）：47-51.

劳动者在利用智能机器为产业带来良好经济效益的同时，更加要注重对自身智能道德的培养，只有具备良好的智能道德修养才能促进智能机器与劳动者和谐健康发展，最终促进产业效益的最大化、最优化。

在人工智能时代，劳动者在具备专业智能知识的前提下，应不断提高智能意识，养成智能道德，学习智能技能，实现智能素养和智能科技的高度融合，利用人工智能技术开发和挖掘数字化资源，打造自动化、信息化、智能化的工作环境。对劳动者智能素养的培养主要可以通过以下几个途径来实现。

首先，劳动者要培养自己的兴趣爱好，开阔学习视野。劳动者若把自己禁锢在特定的工作岗位上，标准化的工作技能必将被标准化的机器所取代，然而，劳动者的创新力、创造力、沟通力和理解力等是人工智能技术在相当长一段时间内所不能超越的。因此，人工智能时代劳动者培养自己的兴趣爱好，开阔学习视野成了当下的迫切需求。在业余时间，劳动者应积极参加自己感兴趣的社会活动，通过一系列社会活动汲取社会经验、丰富人生阅历、了解社会需求、激发创新意识，不断提升综合素养和各项技能。同时，也要将学习途径从书本扩展到智能互联网学习平台，在提升技能的同时了解职业领域的最新发展趋势和动态，为扩大职业发展空间打下坚实的基础。

其次，劳动者要树立终身学习的理念，充分利用智能互联网进行无边界学习。随着智能技术日新月异的发展，劳动者仅靠在学校学习的专业知识已经很难在智能时代长期立足。智能机器在产业中的应用使得劳动者的工作岗位面临着被替代的风险，劳动者如果不根据时代发展趋势，及时地对自身进行"充电"，就很有可能被人力资源市场所淘汰。这就需要劳动者有明确的职业生涯规划，树立终身学习理念，不断提高终身学习意识和学习能力。同时，劳动者要充分利用智能学习平台，打破仅在学校学习的壁垒，学习和研究前沿领域的东西，并借助智能新型媒介进行无边界学习，使学习不再成为特定年龄阶段和学校的"专属特权"，实现即使离开学校也能够对自身不断进行"充电"的学习，培养和提升智能素养。

最后，企业要通过加强"校企合作"提升劳动者的相关职业知识和技能，打造教、学、做"三合一"的职业培训体系。校企合作是指企业和学校在目标一致、利益共享、责任共担等条件下建立的联合培养机制，无论是对已就业的劳动者还是在校学生的职业技能的提高以及智能素养的培养都具有重要意义。通过"理论课+技能课"相结合的授课方法，把理论知识和实践相结合，从而提升劳动者的综合智能素养。学校不仅可以为企业培养专业对口的高素质人才，还可以对已就业的劳动者进行专业技能提升培训。企业不仅可以派遣专业技术人员到学校对学生进行专业指导，还可以为学校提供实践基地，充分挖掘学生的专业潜能，达到"人尽其用"的目标。

劳动者智能素养的培养和提升顺应了人工智能时代智能技术和产业深度融合的发展趋势，突破了人不可替代的边界。新一轮科技革命和产业革命在智能科技的推动下，对劳动者的综合素养提出了更高的要求，劳动者智能素养的养成对劳动者、企业和整个社会都将产生重要价值。

对于劳动者本身而言，智能素养的养成不仅有利于提升劳动者的人格修养，还可以培养劳动者的创新精神，增强劳动者的社会责任感和使命感。在智能素养的养成过程中，劳动者对专业技能和智能技能的掌握得到强化，劳动者在产业中可以更高效、更便捷地利用人工智能技术进行工作，在一定程度上可以减少劳动者被智能机器所替代、被人力资源市场所淘汰的社会风险。同时，劳动者智能素养的养成有助于提升劳动者的核心竞争力，为其提供更广阔的升职和加薪空间。

对于企业而言，劳动者智能素养的养成和提高有利于提升团队合作意识，帮助企业形成特定的企业文化和氛围。此外，智能机器在产业中大量投入使用，还有助于提高产业的生产质量和生产效率，降低产业的运行成本，促进产业的可持续发展，提升产业的竞争力，最终实现各产业之间的协同发展。

CHAPTER

第十一章　畸变与创变：
人在人工智能时代的就业准备

人工智能时代的到来，孕育着新生的希望，也带来了"失业"的危机。当很多人还在关注智能畸变的负向束缚时，很多人已经在智能创变的路途中找到了新的就业方向，并在为之进行着持之以恒的努力和准备。人工智能时代的失业与就业，与其他任何一个时代没有决然的区别，都需要人们重拾信心，做时代的主人。

被折叠还是被延展：人的蜕变与发展

智能下沉，人工升格：为自己赢得未来的实践

"后人类时代"：人类智能与人工智能的共生

重拾就业信心：做智能新时代的主人

随着人工智能技术的不断发展，以智能科技为基础的智能社会和智能时代正在扑面而来。人工智能是人类智能的补充、延伸和增强，自然会在诸多领域取代人的工作岗位，与此同时，人工智能技术也会创生更多的新型岗位，让更多的人能够有事可做。从目前来看，人工智能时代已经是一个人工智能与人类智能共存的时代，在这个时代，人类将如何发展？又将面临怎样的机遇和挑战？人类应以怎样的形式去就业？又该做好哪些准备才能在与机器的

比拼中有胜算？这些都是非常值得我们讨论的问题。

一、被折叠还是被延展：人的蜕变与发展

未来的时代，是一个完全不同于以往的时代。人从动物分化出来，进而演变为一种新的动物但又高于动物的"高级物种"。从科学技术或者工具的发展史来看，在最原始时期，人类相对独立，人类生存与生活所依靠的东西很少，只能靠自己的双手和一些极为简单的工具获取生存所需。吃饱穿暖、不被野兽攻击、有一个安全栖息地等，是人类最直接、最普遍的生存需求。

没有物质的极大满足和享受，就无法谈及精神层面的追求。物质的极度贫乏和生产力水平的低下使得人们的生存和安全需要得不到保障。人类必须通过自己简单、粗暴的劳动来获取一定的粮食或猎物，依靠自己简单的体力劳动进行耕作而维系生活。那个时期，人类的任何事情都是靠自己，人类是相对的"独立"和"自由"的。

"独立"体现在两个方面。一方面，从社交圈来看，人与人之间的联系较少，社交范围狭窄，社交圈较为封闭，人与人之间相对"独立"。费孝通先生曾在其著作《乡土中国》中描述这种社会为"熟人社会"。中国古代社会是农业社会，又是"熟人社会"。之所以称其为"熟人社会"是因为中国古代"以农立国"，土地搬不走，人们世世代代生活在一个地方，久而久之，与外界的人缺少联系，与周围（一般是村子范围内）的人便成了"熟人"。在此背景下构建起来的古代社会便是一个"熟人社会"。另一方面，从日常生产生活中所接触到的工具来分析，人与工具之间是相对"独立"的。没有汽车、电脑、手机、洗衣机、电饭煲……那时的人类对单一的工具没有强的依附性。

"自由"主要是指思想层面上的相对自由，人类除了为基本的生存而烦恼，没有其他思想束缚和负担。从马克思对工人劳动力与商品之间的关系的分析中，我们可以得出劳动力要成为商品必须具备的两个基本条件：一是劳

动力所有者是一个"自由"的人，能自由支配自己的劳动力；二是除了劳动力外，他一无所有，不得不靠出卖劳动力来维持生活。其实，我们这里所说的思想层面上的相对"自由"也与马克思分析工人劳动力时所说的"一无所有"有着很大关系。没有网络就没有网瘾，没有电视就没有影迷，没有游戏机也就没了游戏成瘾……物质生活贫乏下的"一无所有"，使得人们远离了各种各样的瘾和诱惑。少了外在的"负向引力"和诱惑，人们的思想所受到的牵引和约束减少，因而更加相对"自由"。但这种"自由"受到客观因素影响，并非我们现在所说的"人的自由而全面发展"意义上的"自由"。

因而，人类最初通过各种体力活动让肢体得到了延展，思想上也因为没有太多的外界束缚和影响而相对的"自由"，人与人之间的关系相对独立。

如今，人类进入人工智能时代，仅靠体力劳动并不能很好地立足于社会，因为很多人能做的事情，一些智能机器也能做，并且出现了一种趋势，智能机器甚至在这些特定的领域超越了人的能力。随着互联网经济、知识经济、信息技术的蓬勃发展，人的脑力劳动越来越被看重。与此同时，社会生产力水平的提高、工具的进步使得人类社会的分工越来越精细化和专业化，加之人工智能设备如 iPad、智能手机、电脑等的普及和应用，使得人与工具、人与人之间的联系更加紧密。

在这个人与工具、人与人联系更加紧密的时代——"万物互联"与"万物智能"的人工智能时代，物联网、大数据、云计算和人工智能等技术的迅猛发展使得产业形态不断呈现新态势、社会生活实现跨越式发展，同时也对人类自身的生产、生活和思维方式产生了重要影响。

马克思在探讨科技发展与人的关系时，将"现实的人"解释为"处在现实的、可以通过经验观察到的、在一定条件下进行的发展过程中的人"❶，并以此作为考察点，指出了科学技术与人的发展的相关性，肯定了科技发展对

---

❶ 中共中央编译局. 马克思恩格斯选集：第 1 卷 ［M］. 北京：人民出版社，2012：152.

人的积极作用。人工智能作为一种新兴的科学技术，对于人类劳动的解放、人类本质的释放有着重要的推动作用。美国哲学家赫伯特·马尔库塞（Herbert Marcuse）在其著作《单向度的人：发达工业社会意识形态研究》中以一种激进的态度对科学技术进步所造就的、异化的发达工业社会进行了揭露和批判。在发达的单向度工业社会中，科学技术成为一种新的控制形式，人被"奴役"从而丧失合理地批判社会现实的能力，进而成为一种"单向度"（One-Dimensionality）的人。

　　未来已来，在人工智能浪潮的影响下，人类的社会生活势必发生重大的变革，人工智能技术高度发展所带来的潜在风险也令人们开始警惕和质疑。技术的发展是否会使我们成为马尔库塞所说的"单向度的人"？人工智能是对人类自身的否定，还是给人带来了发展的契机？

　　如果说农业时期人类受到"一无所有"的条件的限制，人的"自由"是一种非真正意义上的自由，那么人工智能时代，人工智能技术的发展有助于人类朝着真正意义上的"自由而全面发展"的方向前进。这种自由并非农业时期那种"因为'一无所有'，所以自由"。恰恰相反，人工智能时代，人的自由是建立在物质充裕、"应有尽有"的基础之上的。

　　人工智能有助于推动人自由而全面发展，主要体现在以下几个方面：

　　第一，人工智能作为经济发展的新引擎，能够促进社会生产方式的变革、推动产业结构的调整和提高社会生产力。马克思曾说："在最先使用机器的地方，机器就把大批手工工人抛到街头上去，而在机器日益完善、改进或为生产效率更高的机器所替换的地方，机器又把一批又一批的工人排挤出去。"❶从表面上来看，这是工业社会大生产条件下的一种"机器排挤工人"的现象，但从本质上反映出技术进步带来了生产力的提高。长远来看，技术带来的生产工具（如生产机器）的进步使得社会生产力得到了极大的提高，生产力的

---

　　❶　中共中央编译局. 马克思恩格斯全集：第6卷［M］. 北京：人民出版社，1961：504.

提高能够更加快速、高效地生产出更多的物质产品，为人类生活提供坚实的物质基础，使人的"自由而全面发展"的蓝图得以建立在充实而富裕的物质生活保障之上。

第二，人工智能的发展有利于促使人的劳动回归到自由自觉的活动状态。劳动是人存在的方式，也是人的本质的一种体现方式。马克思在《1844 年经济学哲学手稿》中指出，在资本主义社会，工人的劳动是一种"异化"的劳动，是一种被迫的、而非自愿的劳动。在生产力水平落后的农业社会也有类似的体现，人们同样因生活所迫不得不去从事体力劳动。这些劳动是为了谋生而被迫进行的，并不是自发的、自觉的。在人工智能时代，人工智能可以代替人类从事很多简单且重复的、程序化的、繁重的以及高风险的工作，将人从繁重的体力劳动中解放出来。人类从现实的繁重体力劳动的束缚中解放出来，将会有更多的时间和精力去从事一些自己喜欢的自由自觉的活动，脑力劳动也会随之增加，人的思维能力也将得到提高，这为人的自由而全面发展提供了可能。

第三，人工智能的发展将为人的发展赢得更多的自由时间。人工智能越来越广泛地代替人类的大量机械劳作，劳动过程变得更加智能化和自动化，不仅把人从消耗过多的重复性劳动中解放出来，而且大大节约了劳动时间，使社会成员可支配的自由时间越来越多，自由时间使人的存在发生质的变化。❶ 自由时间增多使得社会成员有了更大的自主性和选择权，人类活动能够多维度地展开，因而也更加有利于实现人的自由而全面发展。

虽然人工智能能够对未来的社会生产生活进行重塑，为人的发展提供机遇，帮助人类自由而全面地发展，但它的风险同样引起了人们的广泛关注。比如，东京大学人工智能专家松尾丰（Yutaka Matsuo）在其著作《人工智能狂潮：机器人会超越人类吗?》中，就深切表达了对人工智能快速发展的忧虑。

---

❶ 吴海江，武亚运. 人工智能与人的发展：基于马克思人学理论的考察 [J]. 学术界，2019（03）：75-81，237.

人工智能的发展主要会对人们的日常生活、人际关系、思想意识等方面产生重要影响。比如，在人类生活中形成"数字鸿沟"，影响人们对公共资源的享用；在人际关系层面，导致人与人之间的现实关系疏离、社交能力下降；在思想层面，导致人的自主性和独立性下降。

首先，在人工智能时代，人们利用媒介信息的机会和能力的差异会导致"数字鸿沟"。"数字鸿沟"的存在进而会影响社会成员对资源的公平享用，造成社会成员之间的"贫富不均"。目前，人工智能尚未全方位落地。在一些发展较为落后、相对封闭的地区，人工智能技术尚未接入，客观上造成了一部分人能够优先享受人工智能技术带来的便利，另一部分人则无法享用。此外，人工智能也会在不同的群体中形成一种"数字鸿沟"。比如，年轻人拥有相关知识和技能，就能够很好地利用人工智能进行网上购物、智能购票等。而老年群体因为接受新鲜事物的能力较低，知识和技能的提升也相对困难，因而要想融入"智能"社会，就会遇到很多的困难。

其次，马克思曾指出："人的本质不是单个人所固有的抽象物，在其现实性上，它是一切社会关系的总和。"[1]随着人工智能技术的快速发展，可穿戴设备、智能手机、便携式电脑等智能设备问世，这些在带给人们方便的同时，也减弱了人的独立性，增加了人类对智能设备和工具的从属性、依赖性。另外，过度地沉溺于手机和网络中的虚拟空间，容易造成人们思想的自我封闭。加之，耗费在虚拟空间中的时间增多，会相应地减少人在现实生活中的活动时间，使现实中的人与人之间的关系变得淡漠、疏离，人的社交能力与群体意识下降。

最后，人工智能还将引发人们信息自主权的丧失以及人的主体性的消解。以前，人们主要经过大脑加工、深度思考而做出决策，对待事情和问题有自己的独到见解，遇到一些突发情况也能够根据经验做出相应的判断和行动。反观现在，人们一遇到疑难杂症，第一反应不是自己如何静下心来思考判断，

---

[1] 中共中央编译局. 马克思恩格斯文集：第1卷［M］. 北京：人民出版社，2009：501.

而是去找百度、问搜狗。不得不承认，这些人工智能引擎确实给我们的生活带来了诸多便利，汇集了群体的智慧、专业的回答，但长此以往会导致人类信息自主权的逐渐丧失。人工智能推荐算法，会通过各种数据分析我们的个人需求和偏好，我们在网上以及各种软件界面看到的信息都是我们所希望看到的信息，这就是"信息茧房"（Information Cocoons）效应；我们囿于智能推荐算法所推荐的信息之中，不能对事物各方面的发展及动态做全方位的了解。此外，对人工智能产品的过度依赖导致我们越来越离不开它，比如，当我们过度依赖智能手机时，一旦手机离开身边片刻就会产生"有人找我""有人给我打电话"的错觉；对人工智能产品的过度依赖行为，通常会逐渐消解我们的个人主体性。

在未来，被折叠还是被延展，很大程度上取决于我们自己。一方面，我们要对人工智能与人的发展做一个正确的价值判断。人工智能的发展虽然对人的发展存在一定的威胁，但从长远来看，它同样昭示了人类走向自由解放的美好未来，因此要辩证对待。另一方面，要针对其潜在风险提前做好一些准备和规避举措。只有这样，人类才能借助于人工智能技术在未来赢得更好、更长远的发展。

二、智能下沉，人工升格：为自己赢得未来的实践

2016 年 3 月，著名科技公司谷歌开发的一款人工智能程序阿尔法狗（AlphaGo）对战曾获多项世界冠军的韩国知名围棋棋手李世石，人工智能以4 : 1 的成绩完胜人类智能。著名的人机大战首次引发人类大规模的不安，在业界甚至是全球范围内引起了轰动。人类被自己研发的产品打败，虽然只是个案，但人类隐隐感受到了来自未知领域的威胁。人工智能的强大，已不仅仅是停留在我们脑海中的那种呆板的机器人，它已经超越了机器范围，不断地朝着机器"人"的方向发展，集中关注如何使得机器越来越像人的问题。

2017 年 7 月，国务院印发了《新一代人工智能发展规划》（国发〔2017〕35 号），从国家层面部署人工智能的发展，提出了人工智能"三步走"的发展战略目标。第一步，到 2020 年人工智能总体技术和应用与世界先进水平同步，人工智能产业成为新的重要经济增长点，人工智能技术应用成为改善民生的新途径，有力支撑进入创新型国家行列和实现全面建成小康社会的奋斗目标。第二步，到 2025 年人工智能基础理论实现重大突破，部分技术与应用达到世界领先水平，人工智能成为带动我国产业升级和经济转型的主要动力，智能社会建设取得积极进展。第三步，到 2030 年人工智能理论、技术与应用总体达到世界领先水平，成为世界主要人工智能创新中心，智能经济、智能社会取得明显成效，为跻身创新型国家前列和经济强国奠定重要基础。

人工智能作为新一轮产业变革的核心驱动力，它已经成为国际竞争的新焦点，其发展将释放出巨大的经济效能，对各行各业产生巨大的影响。当前，世界上一些具有前瞻性眼光的科技公司也纷纷布局人工智能产品，人工智能时代正在向我们走来。

当前，我们正处于人工智能时代的前夕，在其真正、全面到来之前，未来的社会将会发生什么，我们既期待又疑惑。我们期待它将我们未来的社会变得更加美好与和谐，而我们疑惑的是，在人工智能面前，人类智能到底还能在哪些领域发挥优势？是不是人工智能越强大，人类智能就越无用武之地？

对于"未知"或者"未发生"的事，有疑惑和担忧是正常的。为了更清晰地认识人工智能，分析人工智能与人类智能之间的关系，我们首先还是得从本质上去了解人工智能。

人工智能，是用来模拟、延伸和扩展人的思维、能力以及身体器官的功能的一种科学技术，其核心技术是算法，我们也可以将其理解为一种利用机器来模拟人解决问题的手段。人工智能在 20 世纪发展之初，其算法采用的还只是简单的符号逻辑推理规则，缺乏自我学习的能力。随后，科学家虽改进了机器学习的模型，但其智能水平还是较低。直到 2010 年前后，一种被称为深度学习的新的机器学习方法的出现，使得人工智能的算法更为智能。深度学习通过多层结构算法，让机器对数据集的特征进行筛选和提取，通过反复训练，最终获得了提取抽象概念的能力。❶ 目前，深度学习已是人工智能的重要技术组成部分。

人工智能发展到今天，其产品已涉及各行各业。如无人驾驶汽车又称智能汽车，主要依靠安装在汽车内部的智能计算机系统（"汽车大脑"）来模拟人的大脑，从而对汽车行驶状态以及道路交通状况等作出判断，实现无人驾驶。2020 年 7 月，百度公司两辆科技感十足的 Robotaxi 无人驾驶出租车和阿波龙无人驾驶巴士❷（见图 11-1）在上海金普新区数字城市运行管理中心启动仪式上闪亮登场。

图 11-1　百度无人驾驶汽车

此外，一辆获得了上海首张智能网联客车牌照的深兰 AI 熊猫智能公交车，在国家智能网联汽车（上海）试点示范区，做了开放道路自动驾驶里程测试。该无人驾驶公交车搭载了语音交互、生物识别、智能无人零售系统、行为识别等 20 多项人工智能技术，不仅拥有自动驾驶系统，还将实现全面的

---

❶ 华晓艳. 关于人工智能的几点认识和思考［J］. 山东经济战略研究，2019（12）：38-40.

❷ 大连日报. 百度无人驾驶汽车亮相新区［N］.（2020-07-10）［2020-07-26］. http://szb. dlxww.com/dlrb/html/2020-07/10/content_1566327.htm?div=-1.

人工智能场景。再比如，农用无人机可以智能精准定位、识别农作物，喷洒农药；农用采摘机器人，不仅能够识别果实的成熟程度，而且采摘速度比人工采摘要快；律师机器人，采用图像文字识别技术智能识别文案，帮助整理分析卷帙浩繁的法律文件等。

　　总的来说，人工智能的到来绝非 20 世纪的"办公自动化"那样简单，它不仅在提高工作效率、节省人力成本等方面起到了突出作用，而且在某些方面甚至能自主决策，独立完成一些任务，像"人"一样工作。比如，人工智能运行无人驾驶汽车、人工智能写文案、人工智能作诗、创曲等，这样的案例已经发生了不少。我们不得不惊叹人工智能——"何其智能！"

　　同时，我们也要认清：人工智能再怎么强大也是由我们人类所创造，经由我们大脑的思考，用知识和数据包裹起来的，它也是有局限的。说到底，人工智能只是对人的行为、能力的一种模仿，这种模仿主要源自一种外部的、客观的模仿。即使现在人工智能能学着人类写诗作画，进行艺术创作，但人类内在的、主观的情感和意识是它很难模仿的。当前，人工智能运行的思维是基于大数据和人类对其输入的各类知识数据，归根结底还是按照已有的、特定的程序行事，不会像人一样具有创新思维。

　　不能设定目标、规划未来，不能对未曾有的变化作出反应，没有意识、不会产生灵感，没有常识判断力等，这就说明了人工智能的局限性。情感、意识、灵感、创新能力等是人类所特有的，这些特有的能力使得"人工"在"智能"面前更具优势。

三、"后人类时代"：人类智能与人工智能的共生

　　面对当前发展日益强大的人工智能、生物技术、网络空间技术等，人类表现出前所未有的惶惶不安：人工智能的"聪慧"远远不止于办公、生产等领域的自动化和智能化；生物技术的发展绝不像"克隆"技术那样简单，它

可以对人类的基因进行编写和改码，各种仿真机器人与真人混在一起，我们甚至很难分辨真假，生物技术已经深入人体内部，触及了人类基因、意识等模块；网络空间技术突破二维平面、三维立体空间，朝着多维方向延展，在航空航天等领域发挥着不可替代的作用……

除此之外，"人"的概念也发生了深刻的变化。我们时常能够在各种虚拟的奇幻科技作品中看到形形色色的"人"：《异形：契约》中的生化人、《银翼杀手》中的复制人、《终结者》中的液态机器人、《功壳机动队》中的合成人，以及《机器战警》中的人机复合生物等，如果你觉得这些都是虚拟的"人"，且不现实的话，那么别急，我们还有历史上第一个获得沙特阿拉伯公民身份的机器人——索菲亚（Sophia）。

总之，我们目前所指的"人"已不单单是指传统意义上的人，其内涵已经延伸到了机器人、半机器人等。未来社会将是一个"人机共生"的社会，或者更确切地说是一个人类智能与人工智能共存的社会。这个社会充满了各种不确定性和不稳定性的因素——我们将进入"后人类时代"。

"后人类时代"这个词有不同的含义，它有可能是指对西方人文主义传统的否定性的延续，也有可能指世界末日来临而人类毁灭后的生态环境，还可能指人类生活即将迎来的新时代。❶ 不管你承不承认，也不管你有没有意识到，我们今天已经开始进入了第三种意义上的"后人类时代"。我们的生活或许没有太大的、突然性的改变，但我们确确实实已经生活在了这个时代。我们当前的生活已经很难离开智能手机、个人电脑等智能化产品了，在不知不觉中我们已经融入了人类智能与人工智能交融的社会。

目前，我们尚处于"后人类时代"的初期，它的特征尚未完全展露出来。任何事物在发展初期都是以一种"随风潜入夜，润物细无声"的形式展开，直到它完全进入我们的生活，我们方有一种"连雨不知春去，一晴方觉夏深"

---

❶ 於兴中. "后人类时代"真的来临了吗？［EB/OL］.（2017-11-27）［2020-07-26］. http://www.legaldaily.com.cn/Culture/content/2017-11/27/content_7399410.htm?node=80971.

的恍然大悟。因此，唯有更清晰、深刻地认识和了解它，以一种积极的心态去迎接它，方能令我们的未来生活更美好、更文明、更和谐。

作为人类历史新时期的"后人类时代"至少有以下几个方面的特征。

首先，科学技术研究方面的重大发展使得人们的生活方式发生了翻天覆地的变化。目前，我们深刻地感受到人工智能的强大。手机、手环这类产品其实早在几十年前便出现了，只是那个时候的智能水平尚不如现在。随着技术的不断发展，这类产品不断换代升级，深刻影响着人们的生活，但并未从根本上"威胁到"或者"动摇到"人类的地位，反倒是以一种"工具"的身份便利着人们的生活。但是，在"后人类时代"，智能产品就绝不只是一种工具了，它们很可能像人一样拥有自己的身份和地位。以机器人为例，目前已有机器人拥有像人一样的国籍和身份。在未来，传统意义上的家庭结构将被打破，你的妻子或丈夫可能是一个合成机器人，我们的生活将会发生翻天覆地的变化，随之而来的是各种复杂的社会伦理问题、道德问题以及法律问题等。此外，我们的世界也会被分为虚、实两个部分，两个部分的世界并没有明确的界限，我们可以和人工智能谈合作，和虚拟程序谈恋爱，用虚拟财产（拟真货币）买产品……

其次，人类"独霸"世界的时代终结。作为从古猿人演变、进化而来的高级动物，人类一直在这颗星球上占据统领地位。人类制定相应的社会生存法则，凭借超越其他物种的智慧在这个星球上生息繁衍。但是，环境生态新道德学者主张花鸟鱼虫、山川草木甚至机器人都应该和人一样具有同等的权利，蕴含一种"不分主体，万物平等"的思想（泛灵论）。在这种道德主张下，人的权利主体地位将受到威胁，人类很可能不再是这个世界万物的主宰者。

再次，人类对自己的身体不断改进，性别差异日渐模糊。在"后人类时代"，人将越来越像机器，机器也将越来越像人。生物技术、认知科学技术等的重大突破使得合成人、半机器人、自然人等人类主体共存。目前，已经有人尝试在人体中植入电脑芯片、用 DNA 组装机器人，以及将机器人与人类结合共同"孕育"婴儿，虽然现在听起来有点让人匪夷所思，但在未来这些很有可能成为现实。技术加速人的"异化"，使得人类对自身的认识更加模糊。

最后，"后人类时代"将拥有一套全新的社会法则。法律的本质是一种契约，是人与人之间就各种社会关系所达成的一致协议，它以各式各样的条款内容规定了人在各领域的法律地位、权利和义务等，是对人的各项行为、语言等的规范和约束，其主体是人。在"后人类时代"，"人"的概念和范围不断扩大，虚拟人、机器人等都属于"人"的范畴，但这类"人"的本质是一堆程序或代码，我们无法用现有的法律来规范这堆程序或代码，在"后人类时代"会有一套不同于现在的全新的社会法则。

四、重拾就业信心：做智能新时代的主人

就业是民生之本。在人工智能和后疫情时代，就业更是最大的民生。就业使得劳动力与生产资料相结合，创造出社会所需要的物质财富和精神财富。通过就业，人们不仅可以取得劳动报酬，获得生活来源，还能够在社会劳动中实现自身价值。

虽然就业在人们的生活中占据重要地位，但顺利就业以及"就好业"并非一件容易的事。"就业难"历来是一个备受关注的热点话题。影响就业的因素有很多，主要有以下几个方面。

首先，个人的劳动能力以及相关知识技能影响就业。我们做任何事，都需要有胜任这件事的相关知识技能。在任何岗位，我们都要具备与之相关的工作知识和技能，这样才能保证把工作做好。就业者自身的劳动能力是最基础的因素和前提条件，若不具有劳动能力，即使有一个很好的工作机会，你依然无法很好地抓住这个机会。因此，个人的劳动能力以及相关的知识技能是影响就业的一个重要因素。

其次，就业岗位以及社会总体人口结构影响就业。"僧多粥少""人浮于事"也是造成就业难的一个重要原因。虽然我国是人口大国，拥有丰富的劳动力资源，且每年毕业的大学生数量庞大，在同一个时间段内庞大的劳动力数量需要被安排到各个工作岗位，但空缺的工作岗位数量不及剩余劳动力数量，"供需差"的存在使得就业难上加难。在这种情况下，即使我们拥有劳动能力并且具备相关的知识和技能，由于"供需差"仍然会造成就业难。

再次，科学技术的发展带来就业难的问题。技术的发展会带来一种"技术性失业"，进而导致就业难。所谓"技术性失业"，是指技术的大力发展使得物质生产活动更多地采用资本、技术等生产要素，先进生产设备的广泛使用代替效率低下的人工劳动，由此造成劳动力市场对人类劳动力需求的减少。例如，第二次工业革命期间，生产技术进步、机器设备被大量投入劳动力市场，由此造成劳动工人的大量失业。在人工智能时代，人工智能技术的快速发展，同样也会带来这种"技术性失业"问题。以色列历史学家尤瓦尔·赫拉利（Yuval Noah Harari）在其新著《未来简史：从智人到智神》中提到了一个新词汇——"无用阶级"（Useless Class）。❶ 无用阶级是对人工智能技术"排挤"下失去工作、无法就业的人们的一种称谓。赫拉利教授描述道：人工智能的革命带来的智能时代，只需人口中掌控算法并通过生物技术战胜死亡的1%的"神人"去工作、作贡献，就足以养活整个世界，人口中余下的99%则无须工作或无法工作（就业），他们对社会作不了贡献，从而成为"功能无用"的人。在尤瓦尔·赫拉利看来，这99%的人可能被称为"无用阶级"。

技术的发展促使机器大规模地取代人类的工作机会，一部分人因就业难而沦为"无用阶级"。那么，人工智能技术是如何取代人类的工作的呢？劳动按性质可分为体力劳动、脑力劳动；程序性劳动和非程序性劳动等。人工智能首先取代的是人的体力劳动以及程序性劳动，因为从事这一类工作大多具有简单重复、机械性以及流程化等特点，较为容易被模仿和学习。比如，验

---

❶　龙瓦尔·赫拉利. 未来简史［M］. 林俊宏，译. 北京：中信出版社，2017：286.

钞机模仿人工验钞员验钞、数钞，其效率和速度都远远高于人工验钞员。此外，随着科学技术的深入发展，较为复杂的脑力劳动以及一些非程序性的劳动也可以由人工智能来做，如艺术创作等。

但无论是体力劳动、程序性劳动还是脑力劳动、非程序性劳动，人工智能替代人类不是一蹴而就的。在这期间，虽然传统的工作岗位会被代替，但不可避免也会有一些新的工作岗位出现，而新出现的工作并不是立马能被人们所胜任。劳动工人需要学习新的知识和技能才能适应随新兴产业的发展而生成的工作岗位。另外，人工智能等技术在行业和地域间的扩散速度快于劳动力在行业、地域间的调整速度，会带来一种"结构性失业"。

我们要以一种正确的态度看待人工智能对就业的影响，它虽然会给就业带来一定冲击，但同时，人工智能又是一条紧跟在人类屁股后面的"恶犬"，逼迫着人类不断向前。

知识水平可以被提升，技术可以被掌控，工作也可以被创造，人是有智慧、有意识、有主观能动性、有创新精神和创造力的高级物种。因此，我们要树立信心，提升自我能力，迎接挑战，为未来的就业做好准备。此外，国家以及政府等主体要通力合作，共同努力，尽可能让所有劳动者在未来都有机会、有能力就业，做智能新时代的主人。

国家要推进教育改革，使教育培养出来的人能够适应人工智能时代的就业需求。比如，在中小学阶段加入机器人编程教育，举办少儿或青少年创意编辑、智能设计大赛等，从小培养孩子的创新思维，锻炼孩子的计算机技能；在高等院校设置专门的人工智能学院以及与人工智能相关的专业，为社会的发展培养专门的人才。

社会要兜牢政策底线，防范失业风险。进一步完善就业工作应急机制，为不能及时就业、就业遇到困难的人提供相应的社会保障，避免人工智能等技术的发展可能导致的规模性的暂时失业；多渠道、多领域开发就业岗位，大力发展服务业以及与人工智能相关的一些新兴产业，培育健康养老、文化复兴、生态旅游等新业态。

个人要加强对相关知识和技能的学习，树立终身学习的理念，提升各方面的能力。未来，没有稳定的工作，只有稳定的能力。首先，需要学习智能知识。人工智能技术是一个由多技术元素综合而成的复合式学科，其综合的技术性质决定了学习者的交叉式学习知识结构，只有将人工智能技术的相关概念、特征及其内部技术架构进行掌握，才能真正做好自身的智能知识储备，为进一步学习和掌握智能技能创造条件。其次，需要掌握智能技能。技能是指一个人所拥有的技术潜力和能力，而智能技能实质上反映了一个人对于智能技术的掌握和熟练程度，通常预示着此人将之作为谋生手段的可能性。在人工智能时代，要想真正做这个时代的主人，就必须要有过硬的智能技能和本领。最后，需要树立正确的智能观。智能观是指人们对于人工智能技术的基本观点和总的看法，树立正确的智能观要求生活在智能时代的人们，在就业与失业交替的社会大环境中保持一种看待事物的定力，既不随波逐流，也不会因为思维固着而导致对未来悲观失落，对人工智能时代充满恐惧。在正确的智能观的指引下，才能在不断变化的时代潮流中找准自身的位置，并持之以恒地为之努力，从而拥抱人工智能时代。

物联网、大数据、云计算、区块链和人工智能等新一代新兴技术的不断发展，使得我们一直处于变化发展之中。我们要通过不断的学习来提高自身的能力，尤其是对人工智能等技术的学习。AI技能将会成为未来职场人的必备技能之一，当人工智能技术全面走进生产环境之后，在工作中频繁地与大量"智能体"打交道会成为再正常不过的场景。总之，人作为充满"智慧"的高级动物，有着人工智能无法企及的优势。我们要充满信心，全力以赴，做智能新时代的主人！